운 좋아 보이는
브랜드의 비밀

# 운 좋아 보이는
# 브랜드의 비밀

## : 비즈니스의 판을 흔드는 행운의 방정식

앤디 네언 지음 이영래 옮김

클라우드나인
CLOUD 9

서문

행운과 브랜드의 성공 사이에는 어떤 방정식이 있을까

비즈니스에서 '행운'은 욕과 다름없는 취급을 받는다.

연차 총회나 연차보고서에서 '행운'이라는 단어를 듣거나 읽을 일은 없다. 사례 연구나 교육 자료나 이력서에서도 찾지 못할 것이다. 경제지의 최근 설문 조사를 보면 이런 경제경영서에서 행운이라는 단어가 주제와 연관되어 등장하는 경우는 2%에 불과하다.

난 이런 상황이 참 이상하다. 광고계에서 거의 30년을 보내는 동안 '행운'이 중요한 역할을 하는 경우를 자주 접했기 때문이다. 내가 개인적으로 이야기를 나눠본 고위 경영자들도 같은 이야기를 한다.

나는 이 책에서 그런 금기를 깨뜨리고자 한다.

내 경험은 물론 건축학에서 동물학까지 모든 경험을 끌어들여 행운이 브랜드를 만드는 데 어떤 역할을 하는지 탐구한 후 브랜드의 성공 확률을 높이는 데 도움이 될 실용적인 조언을 할 것이다.

그럼 왜 비즈니스에서는 유독 행운에 관해 침묵할까? 거기엔 중요한 이유가 있다. 행운이 성공적인 비즈니스 문화의 핵심 미덕으로 여겨지는 노동, 재능, 지성 등의 가치를 훼손하기 때문이다. 사업의 성공이 운명이라는 불분명한 힘에 좌우된다면 차라리 그냥 포기하는 편이 나을 것이다. 내가 하려는 이야기는 그런 게 아니다.

나는 행운이 존재하고 노력을 통해 행운을 강화할 수도 있다고 생각한다. 그 방법을 총 4부에 걸쳐 설명할 것이다.

1부에서는 당신이 가진 것의 가치를 인식할 필요성에 대해 피력할 것이다. 사람들이 자신이 누리는 특권을 항상 인식하지 못하고 살 듯이 기업들도 자사의 장점을 보지 못하는 경우가 많다. 따라서 나는 당신이 현재 간과하고 있을지 모를 기존 자산을 재평가하라고 권한다. 대부분의 브랜드 소유자는 완전히 재발명할 필요 없이 그저 새롭게 활력을 불어넣기만 하면 되는 대단히 특별한 무언가를 이미 가지고 있다.

2부에서는 다른 곳에 있는 기회를 찾아야 할 필요성을 다룰 것이다. 기회는 느닷없이 나타나는 경우가 많으며 그런 기회를 발견하려면 마음을 열어야 한다. 여기서 나는 다른 영역이나 시각에서 비롯된 영감을 기민하게 의식하라고 독려할 것이다. 미국 소설가 샐리 코슬로가 말하듯이 "행운이 당신에게 손짓할 때 알아보는 법"을 배워야 한다.

3부에서는 불운을 행운으로 바꿀 가능성을 살펴볼 것이다. 여기에서 나는 낙관주의와 내구력에 관해 이야기하고, 사람들과 브랜드가 어떻게 위기, 비난, 결함, 한계, 혐오, 금기를 극복했는지 설명할 것이다. 가장 어려운 환경에서도 당신의 브랜드를 위한 기회를 알아보는 방법을 제시하고 이전보다 더 강해져서 어둠을 헤치고 나올 방법을 알려줄 것이다.

마지막으로 4부에서는 행운을 연습하는 방법을 설명할 것이다. 이것은 "연습을 열심히 할수록 더 많은 행운이 뒤따랐다."라고 말한 남아프리카공화국 출신의 세계적인 골퍼 게리 플레이어의 의견에 단순히 동조하는 수준이 아니다. 나는 행운을 추구하는 일에는 핵심 기술을 연마하는 데 그치지 않고(때로는 그 대신에) 행운 그 자체를 위한 의식적인 노력이 필요하다고 주장할 것이다. 여기서는 조직, 시스템, 프로세스, 기업문화 내에 행운을 구축하는 실질적인 방법을 이야기할 것이다.

본론으로 들어가기에 앞서 몇 가지 이야기해야 할 사항이 있다.

첫째, 이 책은 내 개인의 이야기이긴 하지만 수십 가지 프로젝트와 경력 전반에 도움을 준 수백 명의 사람이 등장한다. 특히 오랫동안 함께한(그리고 오랫동안 고생한) 동업자 헬렌 칼크래프트와 데니 브룩테일러의 이름은 지나치게 반복하지 않는 선에서 책 전체에 걸쳐 여러 번 나올 것이다. 그들을 종종 직접적으로(그리고 내내 '우리'라는 말에 포함하여) 언급하기도 할 것이다. 그들이 아니었다면 그 어떤 일도 해낼 수 없었을 것이다. 이야기를 간략하게 서술하는 과정에서 언급하지 못하고 넘어간 분들께 사과를 전한다.

둘째, 나는 평생을 영국과 미국에서 일해온 사람으로서 글을 썼다. 다른 많은 문화권에서는 행운에 대한 사고방식이 매우 다르다.

일반적으로 사업이나 인생에서의 행운을 부정적으로 보지 않는 편이다. 하지만 나는 성공을 향한 내 전략이 보편적이라고 생각한다. 이 점을 분명히 하기 위해 가급적 전 세계에 걸친 사례를 다루려고 노력했다.

자, 그럼 가까운 곳에서 행운을 찾고 당신이 가진 것의 가치를 인식해야 할 필요성을 탐구하는 일부터 시작하자.

# 차례

# 1부
# 코앞에 있는 행운을
# 놓치지 마라

투자 귀재 워런 버핏은 역사상 가장 부유한 사람 중 한 명이다. 흥미롭게도 그는 많은 성공의 원인을 행운 덕택으로 돌린다. 특히 그는 자신이 "난소 복권ovarian lottery에 당첨되었다"는 인상적인 말을 남겼다. 다시 말해 그는 20세기 미국의 부유한 가정에서 백인 남성으로 태어난 것이 대단히 큰 행운임을 인식하고 있는 것이다.

이 책에서는 부유하거나 가난한 부모로 인해 발생하는 인간의 불평등을 다루지는 않는다. 하지만 나는 넓게 봤을 때 기업의 브랜드도 유사한 점이 있다고 생각한다. 경쟁 업체보다 훨씬 큰 이점을 누리는 기업이 분명히 존재한다. 그리고 그런 특권들, 예를 들어 높은 인지도, 유통망, 가격 결정력, 혁신적 파이프라인 등은 뒤를 잇는 브랜드에까지 전해지기도 한다.

그렇다면 현재의 기업 서열상 위치는 그저 받아들일 수밖에 없는 것일까?

그렇지 않다. 만약 당신이 도전자의 입장인 브랜드를 책임지고 있다면 '갖지 못한 것'을 한탄할 게 아니라 '가진 장점'을 찾아야 한다. 반대로 만약 시장 주도 기업의 자리에 있다면 현실에 안주하지 않도록 주의를 기울여야 한다.

어느 쪽이 되었든 행운을 높이기 위한 첫 단계는 이미 갖고 있는 것의 가치를 평가하는 일이다. 영국의 소설가 로알드 달Roald Dahl은 이렇게 말했다. "우리 모두는 생각보다 훨씬 더 운이 좋다."

1부에서 나는 기업들이 흔히 간과하지만 행운의 원천이 되는 브랜드의 명칭, 기원, 역사적 유산, 잘 알려지지 않은 기능, 문화적 연관성 등을 탐구할 것이다. 그리고 예산을 좀 더 효과적으로 활용할 수 있게 하는 강력한 자산들인 브랜드 특성, 직원, 데이터, 자사 미디어 등에 대해서도 이야기할 것이다. 마지막으로 타이밍의 힘을 강조할 것이다. 타이밍은 요행으로 치부되는 경우가 많지만 타이밍을 제대로 이용하기 위해서는 진짜 기술이 필요하다.

1부 전체에 걸쳐 내가 전하고자 하는 메시지는 "코앞에 있는 기회를 놓치지 말고 거머쥐라"는 것이다. 저명한 심리학자 탈 벤 샤하르는 이렇게 말했다. "좋은 것의 가치는 그 진가를 알아볼 때 비로소 발휘된다."

# 1.
## 행운의 이름

영국 육아사이트 멈스넷Mumsnet에 따르면 영국 부모의 20%가
자녀 이름을 잘못 선택하여 후회한다고 한다. 최근 영국에서 출생
신고가 된 아기 이름에 마블로우스Marvellous, 기막힌, 데인저Danger, 위
험한, 샤이Shy, 수줍은 등이 포함된 것을 보면 놀랄 일도 아니다.

실제 조사해 보지는 않았지만 아마 브랜드 이름에 대한 마케터들
의 생각에도 비슷한 비율이 적용될 것이다. 많은 브랜드 소유주가
브랜드 이름이 적절치 않다고, 너무 길거나, 너무 포괄적이거나, 너
무 국지적이거나, 기억하기가 쉽지 않다고 걱정한다. 기술의 발전
으로 이름이 구식이 되었을 수도 있고 외국 회사여서 발음이 어려
울 수도 있다. 그게 아니라면 검색이 쉽지 않거나 SNS에 적합하지
않을 수도 있다. 아무튼 일부 마케터들은 브랜드 이름에 대해 부모
들의 후회와 비슷한 감정을 느낀다.

이런 불안은 오랫동안 이름을 결정하는 데 가해진 압력 탓이라고 생각한다. 특히 포지셔닝의 선구자인 알 리스와 잭 트라우트는 네이밍naming이란 '회사가 내릴 수 있는 가장 중요한 마케팅 결정'이라고 강조했다. 그리고 훌륭한 브랜드 이름의 9개 특징을 나열했다. 브랜드 이름은 '짧고, 단순하고, 제품 카테고리를 연상시키고, 독특하고, 두운이 맞고, 발음이 쉽고, 철자가 쉽고, 충격적이고, 개인화되어야 한다'는 것이다. 오해를 없애기 위해 덧붙이겠다. 그들은 모든 이름이 이 9개 특징을 모두 만족할 필요는 없다고 말했다. 하지만 마케터들은 최대한 많이 충족시켜야 한다고 주장한다. 이 9개 특징을 기준으로 평가하면 왜 그렇게 많은 브랜드 매니저들이 자사 브랜드 이름에 대해 부적절하다고 느끼는지 이해가 될 것이다.

나는 이런 판단이 정말 중요하다는 것을 부정하지 않는다. 우리 브랜드의 이름을 '럭키 제너럴즈'로 정하기까지 나와 동업자들이 얼마나 오랜 시간을 들였는지 생생히 기억하고 있다. 다만 언어의 유희에 모든 희망을 거는 것보다는 좋은 제품을 갖는 것, 그리고 그것을 브랜드에 잘 반영하는 일이 훨씬 더 중요하다고 말하고 싶을 뿐이다.

아직도 확신이 들지 않는가?

애스크지브스AskJeeves와 구글의 사례를 생각해보자. 검색 엔진으로서는 애스크지브스가 훨씬 나은 이름이다. 범주를 연상시킨다는 면에서도 훨씬 낫고 인간적인 냄새가 나고 직관적이다. 반면에 구글은 정체불명의 알고리즘 같은 느낌이 든다. 물론 그 후 어떤 결과가 나왔는지는 우리 모두 잘 알고 있다.

마이스페이스MySpace와 페이스북은 또 어떤가. 마이스페이스가 좀 더 개인적이고 영감을 불러일으키고 감정을 자극한다. 그러나 졸업 앨범 속 참조란에나 겨우 남아 먼지를 뒤집어쓰고 있다.

더 많은 예를 들 수도 있겠지만 이쯤이면 내가 무슨 말을 하려는 지 파악했을 것이다. 좋은 이름이라고 해서 성공을 보장하지는 않는다. 따라서 나쁜 이름을 꼭 짐스럽게 여길 필요도 없다. 이 책의 많은 사례가 그렇듯이 궁극적으로 당신의 행운을 결정하는 것은 이름이 아니라 그 이름을 가지고 어떤 일을 하느냐다.

이런 생각은 몇 년 전 로이드 그로스만Loyd Grossman의 조리용 소스 광고 작업을 하던 중에 떠올랐다.

유명 창립자의 이름을 딴 브랜드들은 특히 더 까다롭다. 브랜드의 평판이 그 인물의 성쇠에 좌우되는 면이 크기 때문이다. 많은 스타가 이름을 드러내는 대신 막후에서 지원하는 좀 더 은근한 접근법을 사용하는 이유도 여기에 있다. 하지만 당시는 '조지 클루니의 까사미고스Casamigo' '리한나의 펜티Fenty' '비욘세의 아이비 파크Ivy Park'보다는 아직 '폴 뉴먼의 드레싱' '린다 매카트니의 채식 냉동제품' '조지 포먼의 그릴'이 대세인 시대였다.

로이드 그로스만은 라벨에 이름과 얼굴을 넣는 것을 대단히 신중하게 결정했다. 그가 소스 제품을 출시했던 때는 1995년이었다. 당시 그는 영국 텔레비전에서 인기 있는 두 개의 프로그램 「마스터셰프」와 「열쇠구멍을 통해Through the Keyhole」*에 출연하고 있었다. 이전에 그는 오랫동안 저명한 음식 평론가로 활동해왔다. 따라서 그의 보증은 곧 명성과 신뢰의 상징이었다. 유명세를 이용해서 빨리 한몫 잡자는 식이 아니었던 것이다. 그는 제품에 대단히 신경썼고 새로운 레시피 개발에 적극적으로 참여했다. 지난 10여 년 동안 브랜드는 탄탄하게 성장했고 파스타 소스에서 분야를 넓혀 다양한 요리법을 망라하게 되었다.

하지만 2009년 즈음에는 판매가 둔화되고 있었다. 여기에는 비슷해 보이는(하지만 실제로는 열등한) 경쟁 제품의 등장 등 여러 요인이 있었다.

그중 한 가지 요인은 로이드의 프로필이 과거와 달라졌다는 점이었다. 최근 들어 그는 방송이나 비평 이외에도 다른 관심거리인 펑크 밴드 '뉴 포비든The New Forbidden'의 기타리스트로서의 활동에 전념하기로 했다. 그 결과 새로운 세대의 요리 애호가들은 로이드의 배경을 제대로 알지 못했다.

더군다나 사람들은 로이드가 다소 이상한 억양을 가지고 있다고 기억했다. 보스턴에서 자라 영국으로 이주한 그의 발음은 꾸미지 않았음에도 가식적으로 들렸다. 이 점이 평판에 마이너스가 되는 것 같아 보이자 마케팅팀은 브랜드 이름을 좀 더 미묘한 뉘앙스로 바꿀 때가 아닌지 고민할 수밖에 없었다. 'LG 소스'라는 이름이 제안됐다. 나는 확신이 들지 않았다. 특히 그에게 직접 이 소식을 전

---

\* 유명인의 집을 보여주고 집주인을 맞추는 예능 프로그램

해야 한다는 게 내키지 않았다.

나는 로이드 및 그의 브랜드팀과 다소 곤란한 회의에 돌입했다. 우리는 자료를 세세히 살폈고 경쟁 기업을 꼼꼼히 검토했다. 시장에 나오는 시제품들도 조사했다. 간단히 말해 우리는 해야 할 단 한 가지를 빼고 모든 것을 논의했다. 로이드는 우리가 정말 이상하게 굴고 있다고 생각했을 것이다.

결국 지친 나는 이 문제를 어떻게든 처리해야겠다고 마음먹었다. 그 말인즉, 동업자 헬렌에게 쪽지를 건네 영 내키지 않는 일을 미루었다는 뜻이다. 그래서 어떻게 되었을까? 헬렌은 사람들이 로이드로부터 연상하는 유일한 것이 그의 발음이라는 사실을 조심스럽게 언급했다. 그러자 로이드가 크게 웃었다. 그에겐 전혀 새로울 게 없는 이야기라는 듯이 크게 웃으며 말했다.

"우리 아이이이들도오 느을 그걸로 저얼 노오오올려요."

이것이 바로 우리에게 필요했던 돌파구였다. 우리는 예상되는 문제를 회피하는 대신 그 문제를 받아들이기로 하고, 브랜드 이름은 유지하되 새로운 활력을 불어넣는 문구를 만들어냈다.

"독특한 발음을 가진 소스"

그 후 우리는 출연자들이 요리하면서 로이드를 흉내내는 코믹한 광고를 만들었다. 로이드도 카메오로 출연해서 자신을 비하하는 연기를 훌륭히 해냈다.

그 광고는 단지 재미만을 위한 것이 아니었다. 그것은 로이드가 요리에서 갖추고 있는 전문성과 그의 소스가 다른 제품들보다 한 수 위라는 사실을 상기시키는 강력한 도구였다. 우리는 아낌없이 위트를 들이부어 그 광고를 내놓았다. 10여 년이 지난 지금도 그 브랜드는 건재하다.

이 이야기에서 알 수 있듯 좋은 상상력을 발휘한다면 나쁜 이름이란 존재하지 않는 것이다.

---

### ∽ 럭키 시크릿 ∽

**따분한 교훈**
브랜드 네임에 문제가 있으면 성공 가능성이 떨어진다.

**행운이 전하는 조언**
브랜드 네임의 성패는 당신이 그것을 어떻게 활용하느냐에 달렸다.

**행운을 부르는 질문**
어떻게 하면 브랜드 네임이 좀 더 독특한 목소리를 내게 할 수 있을까?

---

## 2.
## 행운의 장소

영국 북동부의 작은 마을 콘세트에는 한때 세계 최대의 제강소가
있었다.

내가 이 사실을 아는 건 우리 가족 중 몇 명이 그 공장과 그곳 용
광로에 석탄을 공급하는 주변 탄광에서 일했기 때문이다. 어린 시
절 콘세트를 방문할 때면 그곳을 완전히 뒤덮은 붉은 먼지에 놀라
곤 했다. 마치 화성을 방문한 것 같았다. 외계인들이 아주 친절하고
나를 '아가'라고 부르지 않았다면 화성과 더욱 비슷했을 것이다.

1980년 제강소가 문을 닫으면서 안타깝게도 4,500명이 실직자
가 됐다. 이후 곧 탄광들도 폐쇄되었고 오래지 않아 콘세트는 서
구 유럽 전체에서 실업률이 가장 높은 도시가 되었다. 산화철 가루
가 늘 거리를 뒤덮고 있었지만 이제는 전과 달리 불길하게 여겨졌
다. 심각한 폐 질환의 원인으로 지목되었던 것이다. 간단히 말해 콘

세트는 고급 식품 브랜드를 출시하기에 더없이 부적절한 장소였다. 그런데 1982년 그 지역 출신 네 명이 바로 그런 일을 했다.

그들은 전 세계의 다양한 맛을 통합하는 고급 스낵이 부족하다고 생각했다. 1980년대에는 속물근성을 자극하는 과한 고급화 전략이 유행하고 있었다. 그들은 그런 스낵과 차별화되는 진정한 고급 스낵을 개발하고자 했다. 그들은 쥘 베른의 소설 『80일간의 세계일주』 속 주인공 이름을 따 브랜드 이름을 필리어스 포그라고 지었다. 하지만 그들의 진짜 수완이 발휘된 부분은 영업의 중추를 '콘세트 메덤슬리가'라고 강조한 것이다. 심지어 그들은 '유럽 문화의 중심'으로 가는 관문이라는 가상의 콘세트 국제공항까지 만들었다.

물론 장난스러운 마케팅이었지만 그런 보잘것없는 뿌리에 집중한 것은 제품을 친근하게 느끼도록 만드는 재기 넘치는 방법이었다. 메덤슬리가는 누구나 아는 이름이 되었고 지방 의회는 이 존재하지 않는 교통 중심지에 대한 수백 건의 질문을 처리해야 했다. 12년 만에 이 조르디인Geordie* 미식가들은 유나이티드 비스킷United Biscuits에 브랜드를 매각하기에 이르렀다. 매각 대금은 무려 2,400만 파운드였다.

필리어스 포그는 이 글의 주제에 꼭 들어맞는 흥미로운 사례다. '나쁜 장소'란 없다는 것을 보여주기 때문이다. 많은 마케터가 브랜드의 산지를 전형적으로 아름답거나 멋지거나 건강에 좋은 것처럼 보이려 한다. 그 때문에 모든 위스키 광고는 스코틀랜드 산악지

---

* 잉글랜드 북동부 출신

대를 배경으로 하고, 모든 스포츠웨어 브랜드는 미국 도심에 자리를 잡고 있고, 모든 식품 포장지는 지중해를 연상시킨다. 이런 관례들이 합리적인 것은 사실이지만 독특한 산지를 부각함으로써 더 큰 영향을 미칠 수 있다.

메덤슬리가의 이야기는 매우 지엽적으로 보이는 산지 이야기가 광범위하게 흥미를 일으킬 수 있다는 점을 보여준다는 면에서도 흥미롭다. 이 점이 중요한 이유는 지리적 출처를 강조함으로써 다른 지역 사람들이 흥미를 잃게 되지 않을까 염려하는 마케터가 많기 때문이다. 필리어스 포그 팀은 콘셉트의 한 거리로 판매처를 제한하고자 한 것이 아니다. 그들은 자신들의 뿌리를 이용해서 훨씬 더 광범위하고 현실적인 태도를 보여주었다.

좋든 싫든 장소는 단순한 우편번호에 그치지 않는다. 주소는 지역적 연관성, 고정관념, 별난 특징을 담고 있다. 따라서 지역 정신을 문자 그대로 장소가 아니라 사고방식과 연관된 것으로 정의한다면 생각보다 훨씬 광범위한 흥미를 일으킬 수 있다.

콘셉트에서 A1 고속도로를 타고 100마일(약 161킬로미터)을 달려가야 하는 곳에 위치한 지역 신생기업도 비슷한 사례에 해당한다. 요크셔 티Yorkshire Tea는 2016년 우리가 투자 설명회를 할 무렵 차 시장에서 3위 자리에 있었다. 차 브랜드를 좀처럼 바꾸려 하지 않는 영국인의 성정을 생각하면 수십 년 동안 시장을 지배한 두 브랜드, PG 팁스와 테틀리는 꺾을 수 없는 상대였다. 시장까지 장기 하락세여서 새로운 고객을 끌어들이는 것도 불가능했다. 게다가 투자 설명회까지 엉망진창이었다.

우리는 이 모든 것에도 불구하고 다행히 성공을 거두었다. 마케팅 디렉터 돔 드와이트가 이후 말했듯이 "설명회는 망쳤지만 비즈니스는 성공했다." 그들이 우리에게 모험을 건 이유는 우리가 내놓은 미완의 방법들 가운데에서 희미한 아이디어를 보았기 때문이다. 거기에는 공장 벽을 장식한 사훈 '우리는 일을 제대로 한다'를 강조하는 아이디어도 있었다. 영국인이라면 알겠지만 회사가 품질에 전념한다는 점을 직설적인 요크셔의 분위기가 물씬 나도록 표현한 멋진 문장이었다.

문제는 이런 철학을 재미가 있으면서도 전국적으로 의미를 갖도록 널리 알릴 방법을 찾는 것이었다. '하느님의 땅'이라는 홍보 문구는 지나치게 진지하다는 평가를 듣고 있었고 제대로 된 차 한 잔을 만드는 것을 지나치게 엄격하고 기능적이고 지역주의적인 일처럼 느껴지게 했다.

우리는 해로게이트를 계속 오갔지만 딱히 이뤄낸 것이 없었다. 그런데 차츰 흥미로운 것이 눈에 띄기 시작했다. '일을 제대로 한다'는 요크셔의 철학은 차 생산 과정에만 적용되는 것이 아니었다. 그 철학은 기업문화 전반에 퍼져 있는 것처럼 보였다. 직원들과 모든 것을 잘 해내겠다는 결심에는 뭔가 특별한 것이 있었다. 안내 직원들의 인사조차 다른 어떤 곳보다 더 친근하고 개인적인 것 같았다.

우리는 그 모습을 보고 생각했다. '차 생산 스토리는 지루할 수 있어. 하지만 회사가 '모든 일을 제대로 한다'는 걸 부각한다면 어떨까?' 직장에서는 때때로 자질구레한 일들을 처리해야 한다. 우리 크리에이티브 팀의 닉과 리는 이 점에 주목했다. "작은 일들이 잘 처리되었다는 것은 큰일도 잘 처리되었다는 확실한 신호라는 것을 우리는 알잖아요."

이런 돌파구 덕분에 우리는 새로운 아이디어를 얻었다.

"요크셔 티− **모든 것이**\* 제대로 되는 곳"

우리는 광고에서 이 아이디어를 강조하기 위해 유명인들을 고용해 본사 주변의 단순한 일들을 하게 했다. 그들 모두 요크셔 출신이지만 전국적인 인지도가 있어야 했다. 예를 들어 저널리스트 마이클 파킨슨이 인터뷰했고 록 밴드 카이저 치프스는 통화 연결음을 연주했으며 배우 션 빈은 격려 연설을 했다.

요크셔 티는 3년 만에 영국에서 가장 많이 팔리는 차가 되었다. 지역적인 뿌리를 가진 아이디어가 전국적인 설득력을 발휘했던 것이다.

이 광고가 시작되고 가장 큰 성장률을 보인 지역이 어디일지 짐작이 가는가? 랭커셔다. 영국 북부인이라면 누구나 수긍하겠지만 랭커셔 사람들이 '요크셔 티'라는 이름의 제품을 사도록 만든 광고라면 제대로 성공한 것이다.

---

\* 강조 표시는 글쓴이

**따분한 교훈**
매력적인 장소에서 유래된 브랜드만이 산지를 강조할 수 있다.

**행운이 전하는 조언**
'나쁜 장소' 같은 건 없다.

**행운을 부르는 질문**
지역 정신을 어떻게 잘 전달할 수 있을까?

# 3.
# 행운의 유산

'앤티크 로드쇼Anitques Roadshow'는 영국 텔레비전의 장수 프로그램이다. 1979년 시작된 이래 수 세대의 시청자들은 운 좋은 의뢰인들이 자기 집의 다락에서 발견한 보물들을 보고 감탄했다. 의뢰인들은 조상에게 물려받은 물건의 가치를 알지 못한 채 잊고 있다가 전문가를 통해 진짜 가치를 발견하곤 했다.

땅콩을 넣어두던 유리 화병의 가치는 4만 2,000파운드로 밝혀졌다. 미국의 존 F. 케네디 전 대통령의 것으로 드러난 가죽 재킷은 20만 파운드의 가치가 있는 물건이었고 32만 파운드의 낡은 카메라와 56만 파운드의 커다란 화분도 등장했다. 우리는 값을 매길 수 없이 귀중한 운석을 문 버팀쇠로 쓰고 진귀한 태피스트리를 커튼으로 사용하는 사람들을 비웃는다. 그런데 때로 기업들은 그보다 훨씬 큰 실수를 범한다.

이런 사례와 같이 기업도 수천만 파운드의 가치가 있는 브랜드의 보물을 깔고 앉은 채 모르는 경우가 종종 있다. 이런 보물은 낡은 슬로건일 수도 있고 광고 캠페인, 홍보 전략, 그래픽 장치일 수도 있다. 혹은 굉장한 스토리나 사진이나 포장일 수도 있다. 먼지를 털어 내면 과거에 못지않은 강력한 힘을 드러낼 수 있는 것들이 관심을 받지 못하고 잊힌 채 남아 있는 경우가 많다.

이런 실수는 종종 정말 무지해서 생기기도 한다. 기업의 최고마케팅책임자CMO나 홍보 에이전시가 평균 3년에 한 번씩 교체되는 현실이다 보니 브랜드의 보물이 묻히고 있다. 하지만 이런 결정이 의도적으로 내려지는 때도 있다. 과거를 모두 쓸어 내버리려는 새로운 사람들의 열망이 반영되는 것이다. 역사를 공룡의 보존 정도로 여기는 업계라면 뒤를 되돌아보려는 아이디어는 절대 반대한다.

우리가 2008년 호비스Hovis의 일을 맡고 있을 때 이런 주제들이 두드러졌다. 호비스는 오랫동안 제빵 업계의 선두를 지키고 있었다. 그런데 당시에는 지역의 도전자 워버튼Warburtons 때문에 휘청거리고 있었다. 6,500명에 이르는 제빵 기술자들의 사기도 땅에 떨어진 상태였다. 그 결과 호비스를 소유한 기업인 프리미어 푸드Premier Foods는 위기에 처했다. 『선데이 타임스』의 한 기사는 '프리미어 푸드는 위기에 봉착했는가Is Premier toast?'라는 헤드라인으로 프리미어의 CEO가 토스터* 안에 들어가 있는 것으로 묘사했다. 전문가들이 판단한 원인은 한결같았다. "호비스 브랜드는 구식이고 현대화가

---

\* 토스트toast가 '구운 빵'과 '위기에 빠지다'라는 두 가지 뜻이 있는 것을 이용한 말장난

시급하다."

많은 전문가가 이런 결론에 이른 이유는 쉽게 알 수 있다. 호비스는 영국에서 가장 유서 깊은 브랜드 중 하나다. 1886년 창립된 이 브랜드의 이름은 라틴어 문장 '히미니스 비스himinis vis(남자의 힘)'를 축약한 것이다. 이것으로는 고풍스러움이 충분치 않다는 듯 전국 곳곳에 유령 같은 브랜드 벽보가 붙어 있었다. 지나간 시대에 속하는 호비스의 아이디어를 강화하는 빛바랜 광고들이었다.

무엇보다 호비스 하면 무척이나 예스러운 광고 캠페인이 연상된다. 영화감독 리들리 스콧의 1974년 작 「자전거를 탄 소년」은 TV 광고 역사상 가장 유명한 작품이며 세피아 색조는 향수鄕愁를 불러 일으키기 위해 사용됐다. 시장조사 팀원들은 포커스 그룹에 브랜드 이름을 대기만 해도 사람들이 브라스밴드 음악을 흥얼거리며 자갈 길에 관해 이야기하기 시작한다고 불평했다. 이후 여러 광고 대행 사가 밝은 애니메이션 스타일과 현대적인 가족을 등장시켜 이런 유 산에서 벗어나려고 애를 썼지만 아무 소용이 없었다. 호비스는 과 거에 꼼짝없이 갇혀 있는 것 같이 보였다.

이런 우울한 상황에서 우리는 새로운 최고마케팅책임자 존 골드 스톤에게 윈저의 호비스 본사로 와달라는 전화 요청을 받고 놀라지 않을 수 없었다. 나는 그 미팅을 생생히 기억하고 있다. 그날 신문 들은 끔찍한 경제 기사들로 가득했다(세계 금융 위기의 초기 단계였다). 그 때문에 평범한 한담조차 무겁게 느껴졌다.

하지만 존은 바로 사업상의 문제를 언급했다. 그는 그 상황을 '불타는 다리'라고 표현했다. 어떤 극적인 조치를 하지 않는 한 브랜드가(어쩌면 회사까지) 사라질 위기였다. 장기적으로 그는 마케팅 믹스 **marketing mix*** 전체를 점검해야 했지만 일단은 '올해의 광고'로 꼽힐 만한 작품으로 급한 불부터 꺼달라고 요구했다. 부담은 갖지 말라면서.

나는 이 회의에서 존이 해법을 제시하지 않았다는 점이 좋았다. 솔직히 그는 자신을 그 난관에서 빼내 주기만 한다면 우리가 무얼 하든 개의치 않았다. 그는 회사의 아카이브를 둘러보게 해달라는 우리의 요구에도 전혀 주저하지 않았다. 빨리 현대적인 느낌을 받아들여야 하는 브랜드 홍보의 영감을 찾기에는 예상에서 벗어난 장소이긴 했다. 하지만 우리는 현대에 맞게 고쳐 쓸 수 있는 것이 없을지 궁금했다.

역사 속의 '자전거를 탄 소년'을 지우는 데 급급해 모두가 잊고 있던 것은, 그 광고의 마지막에 정말 강력한 문장이 숨겨져 있다는 사실이었다.

'늘 그래왔듯이 오늘도 당신에게 좋은'

그렇다. 호비스가 통밀빵만을 만들던 시대에 고안한 문장이기 때문에 건강에 지나치게 중점을 두었다. 하지만 동업자인 데니는 이 문장을 '늘 그래왔듯이 오늘도 좋은'이라고 고친다면 현재의 다양한 메시지(맛에서부터 혁신까지, 통밀빵에서 흰 빵까지)가 전달될 수 있

---

다고 지적했다. 특히 이 문장은 우리가 기억하는 것만큼 시대에 뒤떨어진 느낌이 아니었다. 다시 읽어보니 비록 다른 시대를 상기시키지만('늘 그래왔듯이') 강조점은 브랜드가 오늘과 지속적으로 연관된 것에 찍혀 있음을 알 수 있었다.

여기에서 또 다른 생각이 떠올랐다. 그 문장만이 아니라 '자전거를 탄 소년'의 서사적 분위기까지 빌려온다면 어떨까? 이 역시 반직관적으로 느껴질 것이다. 하지만 우리는 그 광고가 너무나 상징적이기 때문에 완전히 지우려 하기보다는 그것을 기반으로 삼는 편이 더 쉬우리라는 판단을 내렸다.

세피아 색조의 배경에서 다른 소년이 나선다. 그는 빅토리아 양식의 빵집에서 빵 한 덩이를 사서 출발한다(리들리 스콧의 광고에 나오는 소년처럼). 우리가 봐왔던 광고에서는 1마일을 달렸던 게 전부였지만 우리의 소년은 122년(그리고 122초)의 역사를 뛰어넘어 달린다. 여성 참정권 운동가 무리, 제1차 세계대전의 신병들, 영국 대공습, 대관식 거리 축제, 월드컵 행사, 파업하는 광부들, 마지막으로 밀레니엄의 불꽃놀이까지. 마침내 소년은 현대적인 집의 현관문을 열고 들어가 주방 테이블에 빵을 내려놓으며 엄마에게 다녀왔다고 말한다. 휴.

'늘 그래왔듯이 오늘도 좋은'을 서사적으로 재해석한 이 광고는 큰 성공을 거뒀다. 과거에 기반을 두었지만 브랜드를 문자 그대로 현대로 데려왔다. 선하고 이로운 것의 지속이라는 스토리는 본격적으로 불황에 빠진 온 나라의 희망을 포착해 냈다. 존 골드스톤은

'올해의 광고'라는 목표를 이루었다. 거기에 그치지 않고 영국인들은 그 작품을 10년 동안의 광고 중 가장 선호하는 광고로까지 뽑았다. 더 중요한 것은 매출이 급증했다는 점이다. 호비스는 그해 가장 빠르게 성장한 식료품 브랜드였고 그 광고는 약 9,000만 파운드의 수익을 올린 것으로 추산된다.

당신 집의 다락에서 그 정도 가치의 물건을 발견했다면 어떻겠는가?

---

#### ⌘ 럭키 시크릿 ⌘

**따분한 교훈**
뒤돌아보는 것은 나쁜 일이다.

**행운이 전하는 조언**
브랜드의 역사는 좋은 아이디어의 저장고일 수 있다.

**행운을 부르는 질문**
우리 브랜드의 다락에는 무엇이 있을까?

---

# 4.
# 행운의 발

발이 큰 남자에 관한 속설을 다들 한 번쯤 들어봤을 것이다. 하지만 그건 사실이 아닌 듯하다. 1993년 캐나다의 의사들은 남성 63명의 발 사이즈와 음경 길이를 측정했고 둘 사이에 상관관계가 강하지 않다는 것을 발견했다. 1999년 한국에서 이루어진 연구 역시 속설을 뒷받침하지 않았다. 2002년 영국의 연구에서도 마찬가지였다.

사실 발이 큰 건 장점이 거의 없어 보인다. 2011년의 후속 연구에 따르면(이 분야의 연구가 이렇게 많다는 것이 참 이상하지 않은가?) 여성들은 평균적인 발 크기의 남성을 선호한다는 것을 밝혀냈다. 애석하게도 2016년 스웨덴의 보고서는 신발 크기가 증가함에 따라 수명이 단축된다고 말하고 있다. 달리기 선수들에게조차 아무 이득이 없어 보인다. 스포츠 과학자들은 보폭의 근소한 증가에 따른 이

익보다 체중 증가에 따른 손해가 더 크다는 데 동의하는 것 같다.

전통적인 마케팅 용어로 말하자면 큰 발은 '쓸모가 없다.' 큰 발은 우리가 추구해야 한다고 배운 '의미 있는 차별화meaningful differentiation'를 만들어내지 못하는 것이다. 이 개념은 최소 1930년대부터 광고 분야의 핵심이었다. 용어는 때때로 바뀐다. 예를 들어 고유 판매 제안USP, Unique Selling Proposition은 1990년대에 들어 감성 판매 제안ESP, Emotional Selling Proposition이라는 아이디어에 밀려 인기를 잃었다. 하지만 브랜드는 다른 사람들이 가치를 두는 차별점을 찾아야 한다는 기본적인 주장은 동일하게 유지된다. 발에 대한 우스꽝스러운 예와 같은 쓸모없는 것이 아닌, 설득력 있는 이점을 말이다.

이런 신성한 믿음은 전 세계 기업들을 어렵게 만들었다. 후임 마케터들은 뭔가 달리 말할 거리를 찾아보지만 많은 카테고리에서 거의 불가능하다는 것을 발견할 뿐이었다. 시장조사 업계 전체가 이를 돕기 위해 마련되었지만 포커스 그룹을 운영한 사람들은 응답자들이 브랜드에서 내놓은 제안에 신경쓰지 않는 경우가 많다고 말한다.

광고 대행사들도 여기에 동참했다. 영국의 한 광고 대행사는 이런 유명한 말을 남겼다. "제품이 강점을 드러낼 때까지 탐구하라." 이 모두가 쉽지 않은 일처럼 보인다. 그렇지 않은가? 이는 고객이 쇼핑할 때 원하는 것들과는 정반대다.

지난 몇 년 동안 이 모델은 호주의 애들레이드에 위치한 에런버그-배스 마케팅학 연구소의 바이런 샤프Byron Sharp 교수와 동료들의 연구로 완전히 뒤집혔다. 샤프는 경험적 연구를 통해 고객이 실제로 구매하는 방식과 '브랜드가 성장하는 방식How Brands Grow(획기적인 그의 책 제목이기도 하다)'을 발견함으로써 마케팅에 혁명을 일으켰다.

샤프의 발견 중 가장 인습 타파적인 것은 상업적인 성공에 반드시 의미 있는 차별화가 필요하지는 않다는 발견이었다. 대신 기업은 브랜드를 돋보이게 하고 찾기 쉽게 만드는 독특한 성질을 구축해야 한다. 결정적으로 이런 속성들은 내재적인 목적이나 심오한 의미를 가질 필요가 없다. 색상, 로고, 구호, 형태와 같은 단순한 것들도 얼마든지 가능하다는 것이다.

세상을 보는 이런 새로운 방식은 많은 마케터에게 좋은 소식임이 틀림없다. 그들이 존재하지도 않는 고유 판매 제안을 찾으려 애를 쓰는 대신 가진 독특한 자산이 무엇인지를 먼저 고려하면 되는 것이다.

많은 조직이 이런 자산을 가지고도 쓸모없는 것으로 치부해왔을 것이다. 어쩌면 대단히 매력적인 색상을 보유하고 있으면서도 그런 색조가 상징하는 깊이 있는 의미를 분명히 표현하기 위해 고군분투해왔을 것이다. 혹은 쓸모없이 특이한 형태를 가졌을 수도 있다. 과거의 모델에서는 이런 것들이 불운한 것으로 여겨졌을 수 있다. 하지만 새로운 관점으로 보면 대단한 행운으로 부각될 수 있다.

서리주 반즈 출신의 피터 메이휴Peter Mayhew도 이런 관점에 동의할 것이다. 1944년에 태어난 그는 뇌하수체 과다로 2미터 21센티미터까지 자랐다. 신발은 355밀리미터를 신었다. 그 외에는 특별한 것이 전혀 없었다. 이례적인 재능이 없었다. 운동에도 소질이 없었고 공부도 잘하지 못했다. 그는 그저 런던의 한 병원에서 경비로 일하는 친절하고 겸손한 사람일 뿐이었다. 그의 눈에 띄는 외양이 행운을 가져다주기 전까지는 그랬다.

그 일은 1976년 피터의 직장에 들른 지역의 한 기자가 이 친절한 거인의 발 크기를 보고 놀라면서 시작됐다. 이 기자는 메이휴에게 기네스북 등재를 추진해보라고 부추겼다. 하지만 기네스 기록은 흐지부지되었고 이후 기자는 메이휴와 커다란 발에 관한 기사를 썼다.

또 다른 우연의 일치로 그 기사를 본 찰스 슈니어Charles Schneer라는 영화 제작자가 메이휴에게 관심을 가지게 됐다. 그는 당시 최신 블록버스터 영화 「신밧드와 마법의 눈」의 캐스팅을 진행하던 중이었다. 슈니어는 메이휴에게 반은 사람이고 반은 소인 크레타의 전설 속 괴물 미노타우로스 역할을 제안했다. 그 직후 게리 커츠Gary Kurtz라는 또 다른 제작자가 전화를 걸어 새로운 우주 모험 영화에 관해 이야기했다. 이 영화는 여러 스튜디오로부터 퇴짜를 맞은 끝에 사상 최고의 영화 시리즈가 됐다. 바로 「스타워즈」였다. 메이휴는 1977년부터 2015년까지 많은 사랑을 받은 캐릭터 츄바카 역을 맡았다.

당신은 아마 '뭐야 그냥 키가 컸을 뿐이잖아'라고 말할지도 모른다.

내가 말하려는 것은 늘 반드시 대단한 의미가 있을 필요는 없다는 점이다. 메이휴의 독특한 외양은 인생에 그리 도움이 되지 못했다. 하지만 그 덕분에 그는 쉽게 제작자들의 눈에 띌 수 있었다. 고객이 어떤 것을 선택할지 생각하는 데 긴 시간을 보내고 싶어하지 않는 지금과 같은 세상에서라면, 눈에 띈다는 것은 대부분의 브랜드에도 꽤 좋은 전략이 될 것이다.

---

### ～·· 럭키 시크릿 ··～

**따분한 교훈**
브랜드는 의미 있는 차이를 찾아야 한다.

**행운이 전하는 조언**
심오한 차이보다 시시한 독특함이 더 낫다.

**행운을 부르는 질문**
쓸모없이 보일지라도 남다른 특색은 무엇일까?

---

# 5.
# 행운의 듀드

자기계발의 아버지 데일 카네기는 행운을 증진하는 방법을 다룬 책을 처음으로 쓰고 그것으로 많은 돈을 벌어들인 사람이다. 1936년에 출판한 『인간관계론』 초판은 5,000권에 불과했으나 그 후 역사상 가장 많이 팔린 책 중 하나가 되었다.

카네기가 주는 조언의 핵심은 자기 얘기 계속 지껄이지 말고 듣는 사람의 관심사에 관해서 얘기하라는 것이다. 그는 이 기법의 대가로 프랭클린 루스벨트를 꼽았다. 루스벨트 대통령은 방문객을 맞이할 예정이면 전날 밤늦게까지 그 사람이 열정을 보이는 활동에 대해서 알아보곤 했다.

"모든 리더가 그렇듯이 루스벨트 역시 사람의 마음에 다가가는 왕도는 그 사람이 가장 소중하게 생각하는 것들에 관해서 얘기하는 일임을 알고 있었다."

브랜드에도 좋은 조언이다. 하지만 주의를 기울일 필요가 있다. 은행이 힙합에 관해서 이야기하려 하거나 세제 브랜드가 대안 코미디*에 대해 의견을 표현한다면 고객은 당연히 냉소적인 태도를 보일 것이다.

표적 고객에 적합하거나(예: 크림, 초콜릿, 위스키가 혼합된 알코올 음료인 베일리스가 여성 소설을 지원하는 것), 제품과 강한 연관성이 있거나(예: 하이네켄이 유럽 축구를 후원하는 것), 오랜 유대가 형성되어 있는(예: 펩시가 음악을 후원하는 것) 경우라야 브랜드가 문화에 대해 하는 이야기에 신뢰가 갈 것이다. 물론 이 세 가지 조건이 모두 충족된다면 더 좋다.

하지만 브랜드가 공식적으로 연관된 것이 전혀 없다면?

대중문화적 측면을 활용할 수 없다는 뜻일까? 꼭 그렇지는 않다. 그 연관성이 아주 진실하다면 큰돈을 투자한 후원보다 훨씬 강한 힘을 발휘할 수 있다. 2013년 우리가 재출시를 도왔던 깔루아가 그 좋은 사례다.

깔루아는 럼과 커피가 섞인 멕시코 원산의 독특한 술이다. 많은 사람이 시간을 허송하며 보낸 젊은 시절의 기억 속에서 발견하는 술 중 하나다. 하지만 우리가 깔루아의 마케팅 매니저 캐롤라인 우드Caroline Wood의 전화를 받았을 때는 10년째 매출이 하락하고 있는 시기였다. 미국 실적이 특히 문제였는데 그곳 시장이 매출 대부분을 차지했기 때문이다.

---

* 주류 코미디 스타일에서 의식적으로 벗어나고자 하는 코미디를 칭하는 말

미국의 자료를 보자 신규 고객의 유입 부재가 매출 하락의 원인임이 명확해졌다. 40세 이하의 사람들은 더 이상 이 브랜드를 마시지 않았다. 사실 마시는 사람이 거의 없었다. 대신 식자재에 가까워져서 중년의 어머니들이 디저트를 만드는 데 썼지만 그마저도 줄어들고 있었다.

브랜드를 소유한 기업인 페르노리카**Pernod Ricard**조차 이 브랜드의 가능성에 비관적이었다. 하지만 캐롤라인은 다시 브랜드의 인기를 높이고 새로운 세대의 애주가들을 끌어들일 수 있다는 생각에서 물러서지 않았다. 그래서 우리는 마케팅 기획안을 그 방향으로 잡았다.

첫 단계는 매우 기본적이었다. 깔루아를 식자재가 아니라 음료로 다시 포지셔닝한다! 가장 최근의 광고는 '감미로운 맛'에 대해 강조했다. 하지만 깔루아를 스트레이트로 마셔 보면 '감기약 맛'이 더 정확한 표현이라는 것을 바로 느낄 것이다. 게다가 40대 이하의 고객들이 정말 관심 있어 하는 것은 칵테일이었다. 칵테일이 다시 인기를 얻고 있었다. 깔루아 브랜드는 역사적으로 그 분야에서 강한 면모를 보였다. 그래서 우리는 대화의 초점을 재설정하기로 결정했다. 카네기가 대견하게 생각할 일이다.

하지만 더 중요한 문제는 브랜드 자체에 있었다.

시장조사를 진행하자 사람들이 브랜드에 대해 대단히 혼란스러워한다는 것이 드러났다. 사람들은 그 술이 어디 것인지도 모르고 있었다(실제로 '깔루아'라는 명칭은 커피를 뜻하는 아라비아어로 스페인 사람들이 멕시코에 들여온 것이다. 하지만 사람들의 추측은 하와이에서 일본까지 다양했다). 사람들은 그 술이 어떻게 만들어지는지에 신경을 쓰지 않았다. 그들은 병이 구식이고 난잡하다고 말했다. 사실 대화가 활기를 띠는 것은 「위대한 레보스키」라는 컬트영화를 언급할 때뿐이었다. 그 영화에서 제프 브리지스는 '더 듀드The Dude'라는 건달을 연기하면서 깔루아 칵테일로 가장 인기가 높은 화이트 러시안을 노상 마신다.

처음에는 집중을 방해하는 요소처럼 보였다. 당시 영화는 개봉한 지 15년이 지난데다 비주류로 느껴졌다. 하지만 계속해서 등장하자 우리는 카네기가 제안했던 대로 대화의 흐름을 따라갔다.

우리는 그 영화가 온라인에서 일종의 '컬트'로 대접받고 있다는 것을 발견했다. 영화가 개봉했을 때는 술을 마실 수 있는 나이가 아니었던 젊은 사람들에게도 마찬가지였다. 실제로 레보스키 축제라는 것이 있어서 수천 명의 팬이 모여 영화를 보며 듀드가 화이트 러시안을 마실 때마다 그 칵테일을 마셨다.

나는 이런 생각이 들었다. 컬트영화의 세계에 맞춰 브랜드 전체를 재편성하면 어떨까? 이 문화의 영역은 우리의 표적 고객들과 접점이 있었다(시장조사를 통해 표적 고객들이 그 장르를 좋아한다는 것이 분명히 드러났다). 제품과의 연관성이 확실했다(표적 고객이 자주 찾는 인디 영화관에서 팔렸다). 유대가 길고 깊었다(이유는 알 수 없지만 깔루아는 다른 많은 컬트영화에서도 괴짜들이 마시는 음료로 등장했다).

그렇게 해서 나는 기획서를 이런 도발적인 문구로 시작했다. '만약 쿠엔틴 타란티노라면 이 브랜드를 어떻게 관리할까?' 그에 대한

답은 이랬다. '칼루아 영화 제작과 10년 만의 첫 매출 상승.'

우리는 컬트영화 감독들이 하듯이 럼과 커피의 만남, 멕시코와 아랍의 만남, 난잡한 복고 디자인 등 여러 요소를 정신없이 뒤섞었다. 깔루아 칵테일을 주제로 손으로 그린 포스터를 만들었다. 절대 놓치면 안 될 멋진 B급 영화인 것처럼 '더티 마더Dirty Mother' '프로즌 머드슬라이드Frozen Mudslide' '콜로라도 불도그Colorado Bulldog' 'B-52' '마인드 이레이저Mind Eraser' 등 독특한 제목을 달았다. 우리는 '화이트 러시안'이란 이름의 4분짜리 영화를 만들어 할리우드에 내놓고 인디 영화관에서 상영했다. 물론 그 영화에는 더 듀드(제프 브리지스)가 출연했다.

이 이야기는 카네기의 주장을 뒷받침한다. 당신이 아니라 듣는 사람의 관심사를 이야기하라. 이 경우 치즈케이크와 크럼블이 아니라 칵테일과 컬트영화가 해당될 것이다!

브랜드의 자산에 대해 생각할 때는 그것을 문화와 연결하는 접착제를 잊지 말라. 그것이 친구를 만들고 사람들에게 영향을 주는 가장 좋은 기회일 수도 있기 때문이다.

## 6.
## 행운의
## 마스코트

일본에서는 대부분의 지자체나 조직이 마스코트를 갖고 있다. 이 마스코트들을 유루캬라ゆるキャラ라고 부른다. 느슨하다는 뜻의 유루이ゆるい와 캐릭터를 뜻하는 캬라크타キャラクター─의 줄임말로 '느긋한 캐릭터' 정도로 번역할 수 있겠다. 이름에서 알 수 있듯 조금은 모자라고 순진하며, 진지하게 받아들여지고자 하는 의도가 없다는 사실을 반영하는 것이다.

이 현상은 2007년 히코네성이 400주년을 기념하기 위해 마스코트를 의뢰한 때부터 시작되었다. 지역 전설을 기반으로 한 히코냥ひこにゃん 마스코트는 사무라이 모자를 쓴 엄청 귀여운 흰 고양이 캐릭터다. 히코냥은 하나의 문화 현상이 되었고 엄청난 양의 캐릭터 상품을 판매하면서 수억 달러에 달하는 지역 경제 부양 효과를 냈다. 다른 지방자치단체들도 재빠르게 나름의 이유를 붙인 캐릭터들

을 만들면서 여기에 동참했다. 2010년에는 마스코트가 너무 많아져서 최고의 마스코트를 뽑는 전국 대회가 열릴 정도였다.

그 후 2014년 즈음 거품이 터졌다. 그해만 해도 수천 개의 캐릭터가 최고의 마스코트 선발 대회에 등록했고 수천만 명의 일본인이 투표했다. '유루캬'라는 비디오게임과 앨범까지 출시됐다. 하지만 정부는 이런 열기 때문에 지방 의회들이 의미 없는 자기 자랑에 시간과 돈을 낭비하게 되는 것이 아닐까 염려했다. 이렇게 해서 재무성에서 도태 명령이 떨어졌다.

수백 개의 캐릭터가 하룻밤 사이에 버려지면서 실직 마스코트라는 새로운 현상이 나타났다. 여기에는 아다친アダチン이라는 재패니즈 친Japanese Chin 품종의 개 마스코트도 포함됐다. 이제 이 마스코트는 아다치구의 한 쇼핑몰을 배회하며 '시장이 나를 싫어했어.' '나는 해고됐어.'라는 문구가 적힌 상품을 판매하고 있다.

일본에서나 일어날 수 있는 특이한 이야기로 들릴지도 모르겠다. 그런데 이것은 실제로 서구 광고계에서 마스코트가 걸어온 여정을 그대로 보여준다. 그리 오래지 않은 과거에는 마케팅에 브랜드 캐릭터들이 흔히 등장했지만 이제는 시대에 한참 뒤진 것이 됐다. 당시 캐릭터가 어찌나 많았던지 아마도 아다친은 쇼핑몰에서 '내 브랜드 매니저가 날 싫어했어.'라고 적힌 티셔츠를 입고 있는 고양이, 호랑이, 수탉, 황소, 군인, 농부, 선원 마스코트와 쉽게 마주쳤을 것이다.

요즘의 마케터들이 브랜드 캐릭터를 버린 데는 여러 가지 이유가 있다. 그중에는 물론 지극히 타당한 이유도 있다(일부 기업들은 최근 그들의 오래된 심벌이 인종차별적이거나 성차별적이어서 현대에는 매우 부적절하다는 것을 발견했다). 하지만 보통은 논리가 꽤 허술하다. 특히 마스코트가 등장하는 광고가 수익을 22% 더 높일 가능성이 있다는 연를 감안하면 더 그렇다.

일례로 마스코트가 구식이라고 걱정하는 경우가 많다. 지나간 시대의 유물이라는 것이다. 하지만 오래전부터 있었다는 이유 때문에 순간 떠오른 인식을 마스코트의 효용과 비교해 따져볼 필요가 있다.

낡아 보이는 캐릭터가 있다면 보통은 완전히 폐기하기보다 변화를 주는 것이 더 낫다. KFC가 커널 샌더스Colonel Sanders*를 재탄생시킨 것을 생각해보면 그토록 오랜 역사의 마스코트도 신선하고 현대적인 느낌이 나도록 만들 수 있음을 알 수 있다.

많은 브랜드가 사회의 심각한 사안들을 다루려고 애쓰는 때에 이런 마스코트들이 너무 바보스럽다는 비난도 있다. 마케터들이 무엇을 해야 하는가의 문제는 차치하고(이 문제는 다시 다루게 될 것이다) 이것은 내재적 결함이라기보다 상상력의 부재에 가까워 보인다. 미셰린 맨Michelin Man이 오랫동안 타이어 안전을 홍보해온 것만 보아도, 막강한 캐릭터는 재미는 물론 심각한 사안까지 다룰 수 있는 융통성을 갖추었음을 알 수 있다.

브랜드 캐릭터에서 가장 문제 되는 부분은 외적인 사안에 관심이 없어 보인다는 점일 것이다. 그들은 실제 세상에서 살지 않기 때문

---

* KFC의 창업자로 매장 앞에 있는 동상의 주인공이다.

에 진짜 고객의 관점을 대변하기가 어렵다. 그렇다면 정말로 회사를 대표하기보다는 사회 전체를 반영해야만 할까?

음…… 둘 다 한다면 더 좋지 않을까?

최고의 광고는 단순히 고객을 반영하는 데 그치지 않고 독특한 관점을 제공한다. 쿠키, 파이, 빵 반죽을 판매하는 브랜드 필즈버리의 도우보이나 영국의 차 브랜드 PG팁스의 원숭이에게 물어보라.

몇 년 전 우리는 그야말로 현대적인 브랜드와 일을 했다. 바로 트위터다. 이전에는 광고할 필요가 없는 브랜드였지만 추진력이 떨어지고 있었다. 그 플랫폼을 사랑해 마지않는 충성 사용자가 있는 반면 신규 사용자를 끌어들이는 데 어려움을 겪고 있었다.

많은 사람이 자신을 똑똑하고 재미있게 보여야 한다는 생각 때문에 주눅이 든 것 같았다. 그 결과 우리는 브랜드의 리포지셔닝을 중심으로 기획안을 작성했다. 트위터를 톡톡 튀는 자신의 재치를 보여주는 장소에서 다른 사람들이 만든 다양한 콘텐츠를 즐길 수 있는 장소로 다시 자리매김시키는 것이었다.

여기에서는 마케터들이 서비스에 좀 더 쉽게 접근할 수 있도록 한 많은 기발한 결과물을 다루지는 않을 것이다. 실시간으로 변화하는 삶의 풍성한 다양성을 포착하는 것이 핵심이었던 우리의 전략만 훑어볼 것이다. 우리의 전략은 '이런 일이 일어나고 있다This is happening.'라는 단 한 줄의 문장으로 요약된다. 이 문장은 트위터를 사용할 때마다 당신을 맞이하는 질문('무슨 일이 일어나고 있나요What's happening?')에 대한 답이다.

여기에서 우리의 목적을 위해 더 중요한 것은 트위터의 파랑새 마스코트를 이용해서 우리의 메시지를 전달했다는 점이다.

겉보기에는 이치에 맞지 않는 일이다. 앞서 제기된 우려를 상기해보자면 파랑새는 투박하고 피상적이고 내향적으로 보일 위험성이 있었다. 특히 기획 의도에서 벗어나는 것이 그 새는 트위팅tweeting*의 상징이었다. 콘텐츠를 만들기보다 소비하고자 하는 비사용자는 거리감을 느낄 수 있는 마스코트인 것이다. 하지만 우리는 현대 문화에서 가장 잘 알려진 이 아이콘을 활용하지 않는 것은 말도 안 되는 짓이라고 생각했다.

그 때문에 우리는 그 마스코트를 프레임 장치, 즉 번잡한 커뮤니케이션의 상징 대신 끝없는 콘텐츠의 소비를 위한 관문으로 바꾸었다. 집 안에 있든 밖에 있든 우리는 다양한 파랑새 로고들을 통해 트위터에 뛰어들어, 심각한 정치 캠페인에서 우스꽝스러운 대중문화까지 수많은 콘텐츠를 탐험할 수 있다. 우리에게는 히코냥에 필적하는 귀여운 고양이도 있었다.

클라이언트가 피상적인 논쟁에 주의를 빼앗기지 않고 파랑새 마스코트가 가진 인지도, 브랜드 속성, 일관성, 커뮤니케이션 속도 등의 강력한 이점을 꿰뚫어 보았기 때문에 가능했던 전략이었다.

이 작은 새는 소위 '목에 감긴 알바트로스albatross around one's neck**'처럼 부담스러운 존재가 아니었다. 파랑새는 행운의 마스코

---

* SNS에 글을 올리는 것
** 무거운 짐, 올가미, 부담을 뜻한다

트였다. 당신의 마스코트도 그럴 수 있다.

---

### ⌒⌒ 럭키 시크릿 ⌒⌒

**따분한 교훈**
브랜드 캐릭터나 마스코트는 구식이다.

**행운이 전하는 조언**
마스코트는 사람들이 물건을 사게 만든다.

**행운을 부르는 질문**
우리가 사용할 수 있는 혹은 만들 수 있는 브랜드 캐릭터나 심벌은 무엇일까?

---

# 7.
# 행운의 사람들

대부분 기업에는 의무를 넘어서는 범위까지 일해내는 직원들이 있다. 하지만 상사들이 그런 직원을 알아보지 못하는 때가 더러 있다. 그 때문에 나는 조직들에 그런 사람들을 잠재 자산으로서 진가를 인정해야 하는 행운의 자원으로 인식하라고 강력히 권고하곤 하면서 언제나 테스코의 크리스 킹Chris King이라는 직원을 언급한다.

2011년 크리스는 어린 소녀 릴리 로빈슨Lily Robinson('3과 1/2살')으로부터 편지를 받았다. 릴리는 절박한 문제에 대한 의견이 분명했다(2부에서는 아이들의 관점이 가진 잠재력에 대해서 더 자세히 이야기할 것이다). 감탄을 부를 정도로 간결한 그녀의 편지에는 이렇게 적혀 있었다. '호랑이빵tiger bread*을 왜 호랑이빵이라고 불러요? 기린빵이라고 불러야 해요.'

---

\* 표면이 얼룩덜룩한 커다란 빵

이 제품에 대해 아는 사람이라면 그녀의 지적이 옳다는 것을 인정하지 않을 수 없을 것이다. 크리스도 그랬다. 그는 이런 답장을 보냈다. '호랑이빵의 이름을 바꾸는 것은 멋진 아이디어 같아요. 빵의 모습은 호랑이의 줄무늬라기보다는 기린의 반점에 훨씬 가까우니까요. 호랑이빵이라고 불리는 건 오오오래전 그 빵을 처음 만든 사람이 호랑이의 줄무늬 같다고 생각을 했기 때문이에요. 좀 바보 같은 사람이었나봐요.' 그는 3파운드짜리 상품권을 동봉하고 '크리스 킹, 27과 1/3살'이라고 서명을 했다.

이 사랑스러운 답장은 입소문을 탔고 페이스북 캠페인으로 이어져 15만 개의 '좋아요'를 받았다. 그 결과 해당 매장은 정말로 제품의 이름을 변경했고 이것은 더 긍정적인 입소문을 낳았다.

이 이야기는 사람의 작은 행동이 화려한 광고가 할 수 있는 것보다 더 많은 것을 말해줄 수 있음을 보여준 훌륭한 사례다. 그래서 나는 가장 좋아하는 고객 서비스 스토리로 이 사례를 정말 자주 언급한다.

다만 이 책을 위해 사실 확인을 하면서 나는 크리스 킹이 테스코에서 일한 것이 아니라 최대 라이벌인 세인스버리Sainsbury's에서 일했다는 것을 알게 되었다. 이 스토리를 수년 동안 잘못 전했던 것이다.

여전히 나는 이 이야기가 사람의 힘을 보여주는 좋은 예라고 생각하지만 지금은 함정에 대한 경고라고도 생각한다.

이 글을 시작하는 문장으로 돌아가 보자. '대부분 기업에는 의무를 넘어서는 범위까지 일해내는 직원들이 있다.' '대부분'에 문제가 있다. 직원이 해낸 놀라운 일을 칭찬하고 널리 알리는 것은 좋지만 일반인은 누가 어느 회사인지 구별하기가 힘들다. 밝은 얼굴로 고객을 대하는 은행 직원이 정확히 어느 은행 직원인지 구별이 되지 않는다. 패스트푸드점 서빙 직원의 스토리를 들었어도 이 회사인지 저 회사인지 혼동이 된다.

내부고객도 대단히 중요하기 때문에 이런 문제를 신경쓰지 않을 수도 있다. 직원이 인정받았다고 느낀다면 당신 일이 끝났다고 생각할 수 있다. 하지만 이 책은 행운을 최대한 활용하는 법에 관한 책이다.

당신이 좋은 직원들과 일하는 행운을 누리고 있다면 그들의 스토리가 더 크고, 오래 지속되고, 보다 고객 중심적인 일로 이어지는 편이 더 낫지 않은가?

버진그룹의 리처드 브랜슨 회장이라면 분명 그렇다고 답할 것이다. 그는 행운의 신봉자로서 행운을 "인생에서 가장 오해를 많이 받고 과소평가되는 요소 중 하나다."라고 말한다. 또한 사람이 가진 힘의 열렬한 옹호자이기도 하다. 그는 "당신이 직원들에게 신경쓴다면 직원들은 회사에 신경쓸 것이다."라고 주장한다.

나는 버진이 거느린 여러 회사와 일해본 경험이 있는데 뒤에서 이 회사들에 대한 여러 가지 생각을 공유할 것이다. 여기서는 버진 홀리데이와 일했던 시간에 대해서 그리고 우리가 고객 서비스를 기반으로 어떻게 좋은 아이디어를 만들었는지에 관해서 이야기하려

한다.

당시는 2010년이었고 여행 시장은 어려움을 겪고 있었다. 기술적으로는 2009년부터 불황에서 벗어나고 있었다고는 하지만 여전히 긴축이 한창이었다. 그 후 4월에는 아이슬란드의 화산 폭발로 유럽 전역의 거의 모든 여행이 전멸했다. 9만 5,000건의 항공편이 취소됐고 여행사의 대응에 대한 불만이 쏟아졌다.

버진의 훌륭한 서비스 역량을 주장하기 좋은 때였지만 전략적이고 기회주의적인 방식으로 그 일을 하고 싶지는 않았다. 대신 우리는 좋은 때에도 적용될 수 있는 긍정적인 스토리를 말하고자 했다. 버진 홀리데이의 마케팅 디렉터 앤드류 셸턴**Andrew Shelton**은 『캠페인』에 이렇게 말했다. "사람들은 일이 잘못되었을 때 보살핌을 받고자 합니다. 하지만 그들은 일이 제대로 되었을 때도 좋은 대우를 받아야 합니다."

문제는 늘 그렇듯 이런 고객 서비스 스토리를 신뢰할 수 있고 기억에 남게 만드는 방법을 찾는 것이었다. 사실 버진 홀리데이는 모기업의 이념에 따라 재미있고 활기차고 주도적인 직원을 모집하는 경향이 있다. 하지만 이것은 전달하기가 대단히 어려운 부분이다.

모든 경쟁 업체가 서비스 기록을 강조하는 데(대개 돈은 많이 드는데 정당성은 부족한) 열을 올리는 상황에서 우리 메시지가 묻히지 않을까 걱정이었다.

그래서 우리는 잘 알려진, 버진만이 사용할 수 있는 형태의 언어를 찾기 시작했다.

결국 우리는 회사의 뿌리로 돌아가서 한 가지를 발견해냈다. 리처드 브랜슨의 DNA에는 로큰롤이 있었다. 그의 첫 사업은 학생 대상의 잡지였다. 그는 믹 재거와 같은 스타들을 인터뷰했다. 다음 사업은 음반 통신 판매 회사였고 또 다음은 음반 가게였다. 그가 큰 성공을 거두고 그의 이름을 처음으로 사용한 것은 버진 레코드 음반사였다. 거기에서 가장 유명했던 사건은 아무도 거들떠보지 않던 섹스 피스톨즈와의 계약이었다.

브랜슨이 보고 말하는 방식은 도시보다는 글래스톤베리Glaston-bury Festival*의 방식에 가까웠다. 우리는 이것이 버진 홀리데이의 직원들이 그렇게 좋은 이유라고 생각했다. 그들은 리처드와 뮤지션 동료들을 대하는 데 익숙했다. 그렇게 해서 록스타 서비스Rockstar Service라는 아이디어가 탄생했다.

이 아이디어는 조직 전체가 호응할 수 있을 뿐만 아니라 고객도 쉽게 이해할 수 있었다. 우리는 재미있는 광고 캠페인을 펼쳐 이 아이디어에 활력을 불어넣었다. 광고에는 당케 쇤스Danke Shöns라는 끔찍한 밴드가 출연했다. 그들은 자신들이 유명인이기 때문에 좋은 대우를 받는다고 생각했지만 사실 버진 홀리데이는 모든 고객을 그런 식으로 대한다.

거기에 그치지 않았다. 지미 헨드릭스의 전 투어 매니저를 고용해 록스타를 어떻게 대해야 하는지 직원들에게 가르치게 했다. 호텔 방에는 공기를 주입한 보형물이 달린 TV가 들어갔다. 창밖으로

---

* 세계 최대 규모의 노천 음악 및 예술 축제

던져질 때를 대비해서였다. 운전기사들을 대기시키고 백스테이지 출입증을 나누어 주었다. 록스타 서비스라는 아이디어는 크루즈를 비롯해 버진 그룹의 다른 계열사로 확대되었다.

물론 진짜 직원이 등장하는 진짜 스토리를 강조하는 것도 대단히 중요하다. 하지만 이제는 록스타 스토리와 같은 것들이 더 큰 반향을 일으킬 수 있다. 보다 기억에 남는 스토리의 일부가 되었기 때문이다.

다시 다정한 크리스 킹의 이야기로 돌아오자. 나는 여전히 모범 사례로 그의 스토리를 이용한다. 하지만 지금부터는 더 큰 아이디어가 필요하다는 점을 두 배로 설파할 것이다. 고객 서비스로 유명해지려면 사려 깊은 직원만이 아니라 거친 록스타도 필요하다는 것을 배웠기 때문이다.

---

### ᘓᘏᘛ 럭키 시크릿 ᘚᘏᘗ

**따분한 교훈**
직원들은 당신의 비밀 무기가 될 수 있다.

**행운이 전하는 조언**
맞는 말이다. 하지만 비밀로 남겨두지 않는다면 더 강력한 무기가 될 수 있다.

**행운을 부르는 질문**
어떻게 하면 고객 서비스를 널리 알릴 수 있을까?

---

## 8.
## 행운의 연료

"데이터는 새로운 석유다."

최근 들어 마케터들이 즐겨 하는 말이다. 나는 이 표현을 좋아하지 않는다(나는 통합, 개인화, 경험, 영향력 등등에 대해서도 비슷한 말을 들어왔다). 하지만 2020년 4월 20일 마침내 이 말에 공감하게 됐다.

원유 가격이 사상 처음으로 마이너스가 된 날이었다.

이 믿기 힘든 상황은 또 다른 놀라운 일인 코로나19 위기의 결과였다. 하룻밤 사이에 세계 수요는 급락했으나 공급은 여전했다. 원유 업계는 저장소가 부족해졌다. 공포감이 커지면서 트레이더들은 원유를 가져가 주는 딜러들에게 돈을 주기 시작했다.

이런 전개 때문에 그 마케팅의 은유가 내게 더 와닿게 됐다. 본래 이 비유는 데이터를 조직의 톱니와 바퀴가 원활하게 움직이도록 하는 귀중한 자원으로 포지셔닝하려는 것이었다(모두 사실이다). 하지만 이제 이 비유는 아무리 귀중한 상품도 사용되지 않은 채 엄청난 양이 쌓이면 비용이 많이 들어 큰 부담이 될 수 있다는 것을 상기시킨다.

실제로 이와 같은 해석이 진실에 더 가까운 기업들이 더 많다. 현대의 기업들은 상상하기 힘든 규모로 데이터를 수집한다. 기가바이트, 테라바이트, 페타바이트에 이르기까지 우리가 이해할 수 있는 범위를 넘어서는 정도의 데이터를 모으는 것이다. 하지만 데이터의 규모가 크다고 항상 그에 비례한 엄청난 효과가 나타나는 것은 아니다.

결과적으로 브랜드 소유자들은 정보의 광산(원자재에 대한 은유를 섞어) 위에 올라앉아 있으면서도 그 존재를 깨닫지 못한다. 코앞에 있는 부를 의식하지 못한 채 스스로를 불운하다고 생각하는 경우도 있다. 기껏해야 가끔 캐내는 작은 광석이나 표적의 범위를 좁히거나 신상품 개발에 집중하는 데 도움을 주는 작은 통찰을 발견하는 것에 만족한다.

수집 비용을 생각하면 큰 낭비가 아닐 수 없다. 나는 우리가 모으는 데이터에 훨씬 더 많은 것을 요구해야 한다고 생각한다. 데이터가 뒷마당에 모아두는 지루한 정보 더미로 전락해서는 안 된다. 데이터는 무대 중앙에 올라갈 재미있고 기발한 사실이어야 한다.

스포티파이는 이 일을 멋지게 해냈다. 2016년 12월 그들은 청취 습관에 관한 엄청난 양의 데이터베이스에서 흥미로운 통계를 추출해서 이전 해에 대한 재미있는 관찰 도구로 사용했다. 예를 들어한 포스터에는 이렇게 적혀 있다. "브렉시트**Brexit**<sup>*</sup> 투표일에 「알다시피 그건 세상의 종말**It's the end of the world as we know it**」이라는 노래를 들은 3,749명의 청취자분들, 힘내세요!" 다른 포스터에는 이런 문구가 있다. "밸런타인데이에 48시간 동안 「영원히 혼자**Forever alone**」 플레이리스트를 들었던 LA의 청취자님, 괜찮으신 거죠?"

다음 해 12월에는 2018년의 '새해 목표'를 언급하는 데이터를 이용해서 변화를 준 광고를 이렇게 선보였다. "'나는 진저**Ginger**<sup>**</sup>가 좋아' 플레이리스트에 48곡의 에드 시런 노래를 넣은 사람만큼 사랑이 넘치는 한 해가 되길." "'좌파 엘리트 스노플레이크**snowflake**<sup>***</sup> BBQ'란 제목의 플레이리스트를 만든 사람과 비건용 양지머리 먹기."

이후 2020년에는 데이터를 사용해 "플레이리스트 '여성 래퍼들이 힙합을 신나게 만들고 있다'를 만든 사람"을 비롯해 삶을 견뎌나가는 데 음악을 이용한 모든 사람에게 감사를 표현했다.

한편 개별 사용자들은 개인의 청취 습관을 요약한 자료를 받는다. '스포티파이 연말 결산'은 사용자 개인의 전체 청취 시간을 합한 뒤 좋아하는 노래, 아티스트, 장르별로 나눈다. 사용자는 소셜 피드에 이 통계를 공유하고 다른 사람들의 것과도 비교할 수 있다. 아티스트들 역시 여기에 동참한다. 그들은 팬이 얼마나 되고 얼마나 많은 나라에 요약한 데이터를 받아서 자신의 채널에 게시한다.

---

\*   영국의 유럽연합 탈퇴

\*\*   창백한 피부색에 선명한 붉은 머리를 가진 사람이다.

\*\*\*   본래의 의미는 눈송이. 또 다른 의미로 자신을 특별하다고 생각하고 지나치게 감정적이며 자신과 생각이 다른 사람에게 쉽게 화를 내는 사람을 이르는 말이다.

이러한 접근법을 통해 스포티파이는 2020년 3분기 유료 구독자 1억 4,000만에 월간 활성 사용자 3억 2,000만에 이르는 세계 최대 음악 스트리밍 플랫폼이 되었다. 하지만 이러한 접근법은 오래된 브랜드 역시 사용할 수 있으며 직접 데이터를 소유할 필요도 없다.

예를 들어 최근 스페인에서는 루아비에하Ruavieja라는 이름의 술 광고가 큰 인기를 끌었다. 전통적으로 점심 식사 후에 마셔온 이 술은 빡빡한 현대 생활 탓에 타격을 입었다. 그 때문에 마케팅팀은 사람들에게 사랑하는 사람들과 소중한 시간을 보내는 일의 중요성을 상기시키고자 했다. 그들은 현명하게도 이 메시지를 전달하는 데 전형적인 마케팅 캠페인을 사용하지 않기로 했다. '소중한 순간을 즐기는 것'이라는 아이디어는 이미 사람들의 손이 많이 탄 영역이었기 때문이다.

대신 누구나 이용할 수 있는 공개 데이터를 활용해서 사랑하는 사람들과 보낼 수 있는 시간이 얼마나 남았는지 계산할 수 있게 했다. 이 회사는 맞춤형 계산 알고리즘을 만들었지만, 꼭 그런 기술이 없어도 기본적인 기회는 누구나 잡을 수 있다. 50만 명이 넘는 사람들이 마이크로사이트microsite*에서 평균 5분에 걸쳐 자신의 점수를 계산했다. 가슴 아픈 결과가 많았다.

이 두 가지 스토리에서 나는 그들이 데이터의 진짜 힘을 보여주었다는 점이 가장 마음에 들었다. 스포티파이는 재미없는 사용자 정보를 재치 있는 SNS 논평으로 탈바꿈했다. 루아비에하는 인구

---

* 대형 웹사이트 내에서 홍보와 검색 등 특정 목적을 수행하는 소형 웹사이트

통계를 삶에 대한 깊이 있는 대화를 촉발하는 데 사용했다.

회사 내부에 고객 데이터가 있다면(혹은 어디가 되었든 정보에 접근할 수 있다면) 스스로를 행운아라고 생각해야 한다. 기회를 헛되이 버리지 마라. 데이터는 석유와 같다. 다만 거대한 시추공에서 퍼 올린 값비싼 상품으로서만이 아니라 창의력이라는 로켓의 연료로서 대해야 한다.

---

### ～ 럭키 시크릿 ～

**따분한 교훈**
최대한 많은 데이터를 모아라.

**행운이 전하는 조언**
데이터를 가능한 멋지게 사용하라.

**행운을 부르는 질문**
우리도 엄청난 양의 정보 위에 올라 앉아 있지 않을까?

---

## 9.
## 행운의 포장

샌디에이고대학교의 연구자들은 아이디어를 평가하는 방법에 대해 알아보기 위한 실험을 했다. 그들은 자원자들에게 나노기술을 적용해 물집이 잡히지 않도록 만든 새로운 신발에 관해 이야기했다. 단, 자원자 중 절반에게는 그 기술이 인근에서 개발됐다고 했고 나머지 절반에게는 먼 곳에서 개발됐다고 했다.

놀랍게도 고객들은 먼 곳에서 만들어졌다는 인상을 받았을 때 그 아이디어를 훨씬 더 창의적이라고 평가했다. 왜 그런 결과가 나왔을까? 연구자들은 그에 관해 '먼 곳'에서 비롯된 아이디어를 평가할 때면 우리 마음의 상태가 더 추상적으로 되어서 위험 요인이 아니라 가능성에 더 열려 있게 된다고 해석했다.

나는 거리가 창조적인 신비로움과 이국적인 관심을 일으킨다는 말을 덧붙이고 싶다.

2부에서는 이런 자연스러운 호기심을 키우고 다른 영역에서 비롯된 아이디어에 개방적인 태도를 갖는 것이 얼마나 중요한지를 이야기할 것이다. 내 경험에 따르면 다방면에 걸쳐 관심을 발전시키는 것은 브랜드의 행운을 증진하는 가장 효과적인 방법이다. 하지만 여기에서는 반대의 문제에 대해서 짧게 경고하고자 한다. 다른 곳에서 비롯된 아이디어에 사로잡혀서 코앞의 기회를 발견하지 못할 수 있는 것이다.

특히 나는 너무 쉽게 간과되는 미디어의 기회에 관해 이야기하고 싶다. 21세기에 들어서면서부터 많은 마케터가 POEM이라는 모델을 사용해 채널 전략의 방향을 잡았다. 처음에 누가 이런 약어를 만들었는지는 확실치 않지만 알다시피 유료 미디어**Paid Media**, 자사 미디어**Owned Media**, 평판 미디어**Earned Media**를 뜻한다.

처음 도입되었을 때 POEM은 미디어 지형에 전형적인 방송 채널만 있는 것이 아님을 상기시키는 데 도움이 됐다. 우리는 수년간 유료 미디어에서 평판 미디어로 전환하는 그래프를 지켜보았다. 그렇다면 그 사이에 끼어 있는 자사 미디어는 어떨까?

자사 미디어는 당신이 브랜드의 웹사이트와 소셜 피드부터 매장의 창문과 포장에 이르기까지 직접 통제하는 모든 채널을 아우른다. 그 때문에 모든 미디어 전략에서 기항지가 되어야 하는 대단히 중요한 플랫폼이다. 다만 대규모 유료 광고(아마도 시내 맞은편에 있는 광고 대행사에서 제작한)와 같은 화려함은 부족하다. 또한 평판 미디어와 같은 고객이 당신의 브랜드에 대한 소문을 전국에 퍼뜨리는 짜릿한 바이럴의 가능성도 기대하기 힘들다.

요컨대 자사 미디어는 시장조사자들에게는 낡은 신발과 같은 존재다. 익숙하고 믿음직하지만 바로 뒷마당에서 만들어지다 보니 쉽게 간과되는 것이다.

똑똑한 마케터들은 이것이 실수라는 것을 알고 있다. 하지만 오틀리Oatly의 마케터들만큼 똑똑하지는 못하다. 이 스웨덴 기업은 1994년 최초로 귀리 우유를 상업화했다. 하지만 인기를 얻기까지는 긴 시간이 필요했다. 물론 최근 들어 식자재로서 귀리가 널리 알려졌고 유제품의 건강과 환경상의 영향에 대한 우려가 커지면서 귀리 우유가 혜택을 본 측면이 있다. 하지만 이렇게 순풍을 탔음에도 불구하고 오틀리는 2012년까지 무명의 일용소비재FMCG, Fast Moving Consumer Goods였다. 오틀리가 초고속으로 성장하기 시작한 것은 새로운 CEO 토니 페테르손Toni Petersson과 CMO 존 스쿨그래프트John Schoolcraft를 영입한 후였다.

이전부터 함께 일해온 두 사람은 이전에 추구했던 것보다 훨씬 더 급진적인 전략을 개발하기로 결정했다. 수동적으로 사회의 추세를 따르기만 하는 것이 아니라 적극적으로 식물 기반 식이의 이점을 옹호하기로 한 것이다. 그들은 낙농 업계에 정면으로 맞서는 것도 두려워하지 않았다. 오히려 긍정적인 태도로 상황을 즐겼다.

그리고 아주 효과적인 정책 선언문을 만들었다. 보통은 유료 미디어의 대규모 유료 광고나 논란을 부르는 자사 미디어 캠페인에서 공개하는 종류의 것이었다. 하지만 그들은 자사 미디어에 집중했다.

스쿨크래프트는 대형 자문회사와의 인터뷰에서 그 이유를 이렇게 설명했다. "우리는 포장에서부터 시작했습니다. 자사 미디어였죠. 미국이나 영국을 대상으로 한 광고 예산이 없는 우리에겐 그것이 주된 미디어였습니다. 보통 식품 업계에서는 포장에 반영되는 어떤 변화든 간에 회사의 매출 하락으로 이어진다고 생각합니다. 그래서 브랜드들은 고객들이 혼란을 일으키지 않도록 미미하게 변화를 주기 때문에 아무도 그 변화를 알아채지 못합니다. 우리는 다르게 접근했습니다. 과거의 포장을 완전히 버리고 손해를 감수할 준비를 했습니다."

오틀리의 포장은 하룻밤 사이에 포스터로 바뀌었다. 거기에는 '식물에서 힘을 얻는'이나 '우유와 비슷하지만 인간을 위해 만들어진'이라는 자극적인 문구가 실렸다. 보통 포장에 적힌 형식적인 정보가 아니라 정말 고객이 읽고 싶어하는 종류의 재치 있는 논평을 넣었다. 손으로 그린 만화와 서체를 이용했다. 기업의 기획 전략이라기보다 펑크 밴드의 앨범 커버에서 따 온 것 같은 모습이었다. 심지어는 반심리학의 형태로 '쓰레기 같은 맛! 헐!'과 같은 비판적인 지적을 포함하기도 했다.

이후 오틀리는 전형적인 채널도 사용했다. 하지만 그것 역시 포장의 더 큰 버전일 뿐이었다. 자사 미디어를 앞세운 이 접근법은 성공을 거뒀다. 매출은 약 100% 증가했고 2021년 기준 기업가치는 약 22억 달러에 달한다.

물론 당신 브랜드의 제품에는 물리적 포장이 없을 수도 있다. 하지만 전통적인 홍보 방법에 뛰어들기 전에 당신이 가진 자산을 면밀하게 살펴봐야 한다. 나이키처럼 화려하고 대대적인 광고를 하고 싶은가? 그러나 메이시스처럼 쇼윈도를 꾸밀 수 있거나, 고프로처럼 소셜 미디어를 운영할 수 있거나, 우버처럼 이메일을 보낼 수 있거나, 트레이더 조처럼 홍보 전단을 만들 수 있거나, 트위치처럼 웹사이트를 만들 수 있다면 그런 광고가 필요치 않을 수도 있다.

---

### ⚬⟿ 럭키 시크릿 ⟿⚬

**따분한 교훈**
유료 미디어와 평판 미디어는 당신의 브랜드를
홍보하는 가장 흥미로운 방법이다.

**행운이 전하는 조언**
자사 미디어를 첫 기항지로 삼아야 한다.

**행운을 부르는 질문**
자사 미디어만 이용할 수 있는 상황이라면 우리의 스토리를
어떻게 이야기해야 할까?

---

## 10.
## 행운의 타이밍

"타이밍이 전부다."

이 말의 역사는 길다. 특히 코미디언들이 이 격언을 깊이 신뢰한다. 정치가, 투자자, 스포츠 스타, 음악가, 셰프, 군인, 역사가, 배우, 연인 들도 마찬가지다. 비즈니스의 세계에서도 변치 않는 진실의 하나로 자리하고 있다. 포드나 마이크로소프트 등 여러 기업의 성공도 타이밍으로 설명되곤 한다. 그러나 이 모든 것에도 불구하고 사람들은 잠재적 이점을 헤아릴 때 타이밍을 간과하곤 한다.

세계적인 미래학자 다니엘 H. 핑크는 타이밍의 과학을 다룬 저서 『언제 할 것인가When』에서 이런 모순을 탐구했다. 그는 순간을 포착하는 일은 중요하게 여겨지면서도 보통은 "안개가 자욱한 직관과 추측의 늪"에 남겨지는 것이라고 설명한다.

대신에 그는 새출발 효과Fresh Start Effect와 같은 확실한 증거 기반의 현상을 이용하라고 제안한다.

새출발 효과란 우리가 새로운 기간을 시작할 때 설정한 목표를 달성할 가능성이 더 크다는 것을 말한다. 이는 우리가 시작에 크게 영향을 받는다는, 보다 광범위한 역학의 일부다. 그는 이 모든 것을 인간 행동(예를 들어 우리가 새해 초나 주초에 행동하는 방식)과의 관계에서 논의한다. 그런데 나는 그것이 브랜드에도 잘 적용된다고 생각한다.

특히 이 효과는 스타트업과 관련성이 크다. 브랜드가 출시되면 자신들을 새로운 여명으로 묘사할 기회가 생긴다. 이런 종류의 가장 좋은 표현으로 영국의 통신 회사 오렌지Orange의 광고 문구 '미래는 밝다. 미래는 오렌지다.'가 있다.

물론 대부분 브랜드는 이런 신생 브랜드가 아니다. 대신 그들은 성장통, 중년의 슬럼프, 심지어는 노년의 쇠약을 경험하고 있다.

실제 나이는 바꿀 수가 없다. 하지만 자신들을 새로운 시대의 일부로 내세움으로써 시계를 다시 맞추는 것은 가능하다. 하지만 그렇게 하기 위해서는 우선 가능성을 인식해야 하고(그렇지 않으면 모르는 새 지나쳐버릴 것이다) 그 순간을 자신의 것으로 주장할 권리가 있어야 한다(그렇지 않으면 추세에 편승하는 것처럼 느껴질 것이다).

그러기 위해서는 조직의 사고방식이 변화되어야 한다. 시간을 단순히 브랜드에 일어나는 일로 생각하는 대신 개발하지 못한 자산으로 봐야 한다. 왜 이 순간이 우리에게 속하는가?

재미있게도 다니엘 핑크의 책은 2018년 초에 출간되었는데 내게는 더없이 좋은 타이밍이었다. 코-옵Co-op을 위한 까다로운 기획서를 준비하던 시기였기 때문이다.

코-옵은 특이한 조직이다. 지역 사회의 자조를 돕는 방편으로 1844년 로치데일의 노던밀에서 설립되었다. 세계 최초의 협동조합으로 오늘날까지도 회원들의 소유로 남아 있으며 지역 조직들이 사용하는 수백만 파운드의 자금을 만들어내고 있다.

코-옵은 오랜 세월에 걸쳐 식료품 소매(영국 최대의 매장 네트워크를 갖추고 있다)에서 장례 사업(여기에서도 영국 시장을 주도하는 업체다)까지 아우르는 조직으로 성장했다. 심지어는 자체 학교를 후원하고, 온라인 약국을 갖고 있고 보험도 판매한다. 금융 위기를 겪은 후 새로운 경영진이 새로운 출발을 위해 노력하고 있었다.

두 명의 최고의 마케터인 매트 앳킨슨Matt Atkinson과 알리 존스Ali Jones는 조직이 과거 개별 사업 단위에 집중했다고 설명했다. 그 결과 사람들은 '윤리적인 소매업체'라는 것 이외에는 코-옵에 대해 알지 못했다. '상호'나 '호혜' 같은 용어는 도움이 되지 않았다.

우리 기획안은 코-옵의 그룹 전체를 아우를 수 있는 단일한 비전을 만드는 것을 목표로 했다. 두 마케터는 이 기획안이 단순한 광고 기획안이라기보다는(이후에는 그렇게 될 수도 있지만) 대규모의 조직적 과제임을 전달하기 위해 공을 들였다. 나는 다른 많은 것은 고사하고 식품과 장례를 어떻게 조화시킬 수 있을까 하는 생각에 안절부절못했다.

결국 돌파구는 시대정신을 포착하는 데 대한 매트와 알리의 언급에서 나왔다. 그들은 사업의 세부적인 내용 가운데에서 헤매지 않고 오늘날 사회의 더 큰 문제들인 지속가능성, 지역 사회의 복지, 식량 부족, 기술 격차 등과 같은 사안들을 전도하는 입장(코-옵의 많은 사람이 그렇듯이)에 섰다. 그들은 광고를 통해 이런 문제들을 해결하기 위해서는 여러 부문의 힘을 합쳐야 하고 우리가 새로운 시대, 즉 협력이 열쇠가 되는 시대에 진입하고 있다고 역설했다.

나는 여기에 깊이 공감했다. 나는 '쿠프Køøp'라고 불리는 스웨덴 스타트업이 지역 사회에 돈을 돌려주기 위해 학교에서 장례까지 망라하는 회원제 운동을 시작한다면 홀딱 반할 수밖에 없을 것이란 농담을 했다. 처음에는 웃었지만 우리는 모두 오래되어 친숙한 코-옵을 이런 새로운 시각으로 보여준다는 아이디어로 들썩였다.

우리는 상호나 호혜 같은 낡은 언어는 버리고 내부 지향적인 문구로 코-옵의 차이를 드러냈다.

"우리는 우리가 공유하는 세상에 관심을 둡니다."

이것은 모든 사업 단위와 기저를 이루는 모든 상업적 모델에 적용됐다. 이 문구는 코-옵의 시작을 떠올리게 했지만 동시에 현재와도 관련성이 대단히 높게 느껴졌다. 새로운 시작이었다.

무엇보다 이 구호는 행동으로 증명할 수 있었다. 우리는 최신 트렌드에 편승하기만 하거나 형식적인 기업의 사회적 책임CSR 캠페인을 진행하지 않았다. 이 구호는 매일 조직이 행동하는 방식이었다. 외부를 향하는 문구 "그것이 우리가 하는 일입니다."가 말하듯이 말이다.

그 후 조직 전체가 이 구호를 지지했다. 우리는 10년간의 분열에 이어 협동조합의 새로운 10년이 시작되고 있다고 선언했다. 더 중요한 것은 이런 수사를 시기적절한 행동으로 뒷받침했다는 점이다.

예를 들어 도움이 필요한 사람들과 자원봉사자를 연결하는 온라인 플랫폼의 소통을 도왔다. 영국의 축구 선수 마커스 래시포드와 협력해 식량 빈곤 문제와 맞붙었다. 그리고 재택 학습의 불평등을 해소하기 위해 노트북을 나누어주었다.

수천 명의 동료의 도움으로 매출이 사상 처음 10억 파운드 장벽을 돌파했고 시장점유율은 거의 20년 만에 최고치를 기록했다. 우연히 타이밍이 맞았기 때문이 아니다. 우리가 시계를 다시 맞출 기회를 포착했기 때문이다.

174년 역사의 조직을 새롭게 출발하는 것처럼 느끼게 했다. 그러니 당신의 브랜드도 그런 날을 포착할 수 있지 않을까?

---

### ⟿ 럭키 시크릿 ⟿

**따분한 교훈**
타이밍은 우리의 통제 밖에 있다.

**행운이 전하는 조언**
우리는 타이밍을 포착할 수 있다.

**행운을 부르는 질문**
왜 지금이 우리 브랜드가 생기를 찾을 최적의 타이밍일까?

---

# 2부

# 숨겨져 있는 행운을
# 찾아야 한다

1부에서는 당신이 가진 것의 진가를 알아보는 것에 관해 이야기했다. 2부에서는 다른 곳에서 예상하지 못한 기회를 찾는 것에 대해 이야기할 것이다.

이것은 새로운 아이디어는 아니다. 그리스의 시인(이따금 낚시꾼이기도 했던) 오비디우스는 이렇게 충고했다. "운은 강력하다. 항상 낚싯바늘을 드리워라. 거의 기대치 않았던 냇물에서 물고기를 낚게 될 것이다." 이 오랜 충고가 옳다는 것은 행운의 심리학에 관한 경험적 연구로 확인되고 있다.

하트퍼드셔대학교의 리처드 J. 와이즈먼 교수는 이 분야에서 세계적인 명성이 높다. 그의 실험 중에는 이런 것이 있다. 먼저 한 그룹의 사람들에게 자신이 운이 좋다고 생각하는지를 질문했다. 그런 다음 그들에게 신문을 읽으면서 사진의 개수를 헤아려달라고 요청했다. 놀랍게도 '운이 좋다고 응답한 사람들'은 그 과제를 몇 초 만에 끝낸 반면에 '운이 좋지 않다고 응답한 사람들'은 평균 2분이 걸렸다. 왜 이런 차이가 난 것일까? 그건 신문 2면에 '그만 세세요. 이 신문에는 42장의 사진이 있습니다.'라는 광고가 있었기 때문이다. '운이 좋다고 응답한 사람들'만이 그 광고를 봤다.

와이즈먼은 실험 결과를 통해 행운은 당신이 수행하고 있는 핵심 과제 외부에 존재하는 기회에 민감할 때 찾아온다고 주장했다. 운이 좋은 사람들은 부차적인 주변을 더 잘 살피는 경향이 있는 반면에 운이 좋지 않은 사람들은 당면한 과제에만 집중하는 경향이 있다. 와이즈먼은 이 점을 강조하기 위해 '그만 세세요. 실험자에게 이걸 봤다고 말하고 250파운드를 받으세요.'라는 광고도 넣었다. 운이 좋지 않다고 응답한 사람들은 이 광고도 보지 못했다. 사진을 찾느라 너무 바빴기 때문이다.

다른 과제를 하는 동안 의도치 않은 발견을 하는 이런 현상을 세렌디피티serendipity라고 한다. 이것은 과학계에도 널리 알려진 것이다. 많은 유명한 돌파구가 세렌디피티 덕분이었기 때문이다. 가장 유명한 것이 알렉산더 플레밍의 경우다. 방치된 페트리 접시 위에서 곰팡이가 자라 페니실린을 발견하게 된 것이다. 레이더 실험 도중 초콜릿이 녹는 것을 발견하고 전자레인지를 발명한 퍼시 스펜서Percy Spencer도 그런 경우다. 많은 약이 이런 식으로 발견됐다. 가장 유명한 것이 비아그라다. 원래는 연구자들이 심장약을 만들기 위해 실험하던 중 특이한 부작용이 생기는 걸 발견해 만들어졌다.

과학자들은 그런 발견을 요행으로 여기지 않는다. 일단은 기회를 알아차릴 기술이 필요하다는 것을 인정하기 때문이다. 그렇지만 비즈니스계는 이런 작업 방식에 눈살을 찌푸린다.

광고계의 거물 제러미 불모어**Jeremy Bullmore**가 지적했듯이 이것은 '부정행위'의 한 형태로 인식된다. 그 기반에는 아이디어는 사후의 합리화가 아니라 철저한 단계별 분석에 따라 개발되어야 한다는 인식이 자리한다. 우리는 일에 집중해야지 다른 곳에 정신을 팔면 안 된다고 배운다. 안타까운 일이다. 내 경험에 따르면 눈에 띄는 창조적 돌파구들은 행복한 우연에서 비롯되기 때문이다.

나는 이 글에서 직접 세렌디피티를 만드는 방법을 보여줄 생각이다. 당신의 마음이 열려 있기만 한다면 어떻게 자연, 스포츠, 예술, 스토리텔링, 수학과 심리학에서 뛰어난 마케팅 전략의 영감을 얻을 수 있는지에 관해 이야기할 것이다. 완전히 관련이 없는 영역에서 아이디어를 가져오는 능력에 관해 이야기할 것이다. 외부인(다른 문화에 기반을 둔 사람, 다른 연령대의 사람, 전문 지식의 정도가 다른 사람 등)의 말에 귀를 기울임으로써 신선한 시각을 끌어들일 수 있다는 것을 보여줄 것이다.

물론 내가 이야기할 발견이 노벨상을 안겨주지는 못할 것이다. 하지만 그런 발견은 "기회는 준비된 사람에게만 온다."라고 말한 프랑스 미생물학자 루이 파스퇴르의 말에 힘을 실어준다. 비즈니스에서도 과학에서처럼 전혀 기대하고 있지 않을 때 기회가 찾아오곤 한다. 어떻게 하면 그런 기회를 알아보고 받아들일 수 있을까?

## 11.
## 행운의 조르주

1941년의 어느 날 조르주 드 메스트랄George de Mestral은 스위스의 쥐라 산에서 사냥하고 있었다. 그는 평소처럼 개를 데리고 갔다가 집에 돌아왔는데 개의 털에 수백 개의 작은 씨앗*이 붙어 있는 것을 발견했다.

개를 키우는 사람이라면 다 알겠지만 이 씨앗으로 개가 짜증을 내기 전에(씨앗에 진드기가 있다면 위협적일 수도 있다) 제거하는 것이 중요하다. 문제는 떼어내기가 매우 어렵다는 점이다. 이 일에는 장갑 낀 손에 빗에 심지어는 펜치까지 동원해야 한다.

대부분의 개 주인들은 까끌까끌한 씨앗을 다 떼어내는 데 집중한다. 하지만 조르주 드 메스트랄은 대부분의 개 주인과 달랐다. 그는 엔지니어였다. 그 까끌까끌한 작은 씨앗을 떼어내는 데만 집중하는

---

\* 도꼬마리 가시

대신 왜 이렇게 잘 들러붙는지에 대해 생각했다.

그는 현미경으로 씨앗들을 조사했고 작은 씨앗이 갈고리들로 뒤덮여 있는 것을 보았다. 이 갈고리들이 개의 털, 새의 깃털, 인간의 옷과 같은 천연의 고리가 있는 것에 달라붙었다. 이 식물은 이런 식으로 진화했는데 씨앗이 흩어지는 데 도움이 되기 때문이다. 드 메스트랄은 이것이 새로운 형태의 잠금장치에도 영감을 줄 수 있으리라 생각했다.

그는 이후 몇 년에 걸쳐 여러 가지 조합을 실험했다. 1955년 마침내 그는 기발한 해법에 대한 특허를 냈다. 소재의 한쪽은 여러 방향을 향한 수천 개의 갈고리로 덮여 있고 다른 한쪽은 마찬가지로 조밀한 임의의 고리 층으로 덮여 있었다. 그는 이것을 '벨벳velvet'과 코바늘 뜨개질인 '크로셰crochet'를 합쳐 벨크로Velcro라고 불렀다. 드 메스트랄의 발명이 세렌디피티의 전형적인 사례다. 우리는 대부분 현안 과제에 몰두한 나머지 이런 기회를 놓친다.

좀 더 구체적으로 이야기하자면, 이것은 인간이 자연 세계에서 아이디어를 빌리는 생체모방biomimicry의 사례다. 이것은 지금 큰 인기를 끌고 있는 혁신의 형태다. 이미 수백만 년에 걸쳐 완성되어온 역학을 기반으로 할 수 있기 때문이다. 생체모방은 더욱 지속 가능한 해법으로 이어지기도 한다. 예를 들어 짐바브웨의 건축가들은 흰개미의 집에서 영감을 받은 사무실 냉방 시스템을 설계했다. 일본의 엔지니어들은 물총새의 공기 역학적 생김새를 모델로 삼아 보다 효율적인 기차를 만들었다. 이스라엘의 환경학자들은 조수 웅덩

이와 굴 껍데기에 착안해 해안선을 유지하는 데 도움을 주고 있다. 우리의 보잘것없는 일상 업무와는 거리가 먼 것처럼 들리는가? 사실 자연은 마케터들에게도 뛰어난 영감의 원천이 될 수 있다.

지난 20년 동안 비즈니스에 등장한 가장 뛰어난 아이디어인 브랜드 생태계를 예로 들어보자. 이것은 개별 기업으로서 경쟁하는 대신 기업들이 협력사, 공급업체, 심지어는 경쟁사와 네트워크를 형성해서 고객에게 전방위에 걸친 서비스를 제공한다는 개념이다.

세계 최상위 4개 브랜드인 아마존, 애플, 구글, 마이크로소프트가 모두 이 모델을 사용하는 것은 우연이 아니다. 기획자 이하 모든 마케터가 자신만의 생태계 전략을 개발하라는 요구를 받는 것 역시 우연이 아니다. 이 모델이 인기를 얻고 있는 것은 더 큰 규모, 효율성, 충성도, 보호를 가져다주는 것으로 간주되기 때문이다. 사실 이것은 자연, 즉 생명 그 자체와 같은 역사를 가진 존재로부터 직접 얻은 접근법이다.

우리 모두 무리 본능을 가진 동물이라는 개념도 있다. 이 개념을 처음 대중에게 알린 사람은 2007년 광고 전략가로 활동했던 마크 얼스**Mark Earls**였다. 당시에는 이단적인 개념으로 취급됐다. 그때까지 대부분의 마케팅 교과서들(그리고 다른 분야의 책들)은 인간을 이성적인 개인으로 취급했다. 얼스는 다른 종들과의 유사점들을 비롯한 여러 경험적 증거로 이런 생각에 이의를 제기했다. 지금은 우리가 사회적 동물이고 대부분의 결정은 강력한 집단역학에 영향을 받는다는 그의 기본적 명제가 비교적 논란 없이 받아들여지고 있다.

그렇다면 오늘날 주목받는 문제인 지속가능성은 어떨까?

나는 최근 마케팅 리포트 중에서 컨설팅 회사 윈더맨톰슨의 전략가 오마르 엘-가말Omar El-Gammal이 쓴 것을 무척 좋아한다. 이 책은 자연에서 얻은 정말 흥미로운 비유를 중심으로 한다. 엘-가말은 현재 너무나 많은 기업이 잡초처럼 기능한다고 주장한다. 잡초는 주변의 모든 것을 희생시키면서 지속적이고 빠른 성장을 우선한다. 그는 나무가 더 나은 모델이라고 제안한다. 나무는 계속해서 성장하되 빠르기보다는 꾸준하고 그 과정에서 지역 사회에 깊이 뿌리를 내려 주변에 쉼터와 영양을 공급한다.

바로 이런 자연의 비유에서 세 가지 중요한 의문이 제기된다. '당신의 생태계는 어떤 것인가? 어떻게 하면 우리의 무리 본능에 호소할 수 있을까? 잡초가 아니라 나무가 될 방법은 무엇일까?' 우리는 일상 업무의 세부 사항에 머리를 파묻고 있느라 이런 보다 흥미로운 질문을 던지지 못하는 때가 너무나 많다.

우리는 개에게 붙은 귀찮은 씨앗만 떼어낼 뿐 벨크로를 만들지 못한다.

이와 관련해 또 다른 전략가인 러셀 데이비스Russell Davies는 "흥미로워지는 방법"을 이야기한다. 매우 다른 방식이긴 하지만 그 역시 비유를 사용한다. 어떤 비유인지 알아맞혀 보라.

"우리는 무작위적인 갈고리와 고리가 매우 필요하다." 그가 말한다. "똑같은 옛날 책들만 계속 읽으면 우리는 이미 많이 알고 있는 것들에 관해 더 알게 될 뿐이다. 따라서 우리는 평소라면 구독하지 않을 잡지들을 구독해야 한다. 평소에는 가지 않을 장소, 우리 취향이 아닌 장소에 가서 식사해야 한다. 통념에 머물지 않아야 계속 흥미를 느낄 수 있다. 계속 밀어붙여야 한다. 알고 있는 것들은 잠시 뒤로 미뤄두어야 한다. 벨크로는 연결하기 위해서 여러 다른 방향을 향한다. 새로운 아이디어에 관심이 있다면 우리도 그렇게 해야 한다."

나는 러셀의 강연을 본 적이 없다. 내 강연 자료를 찾다가 우연히 그의 이야기를 발견했을 뿐이다. 신기하게도 나는 벨크로의 비유를 써서 비즈니스에 관해 완전히 다른(그러나 똑같이 흥미로운) 면을 이야기하는 두 개의 글을 더 발견했다.

나는 이런 모든 멋진 세렌디피티를 통해 자연이 기발한 아이디어를 아낌없이 주는 존재라는 믿음을 더 확고히 하고 있다. 곤란한 상황에 부닥치게 되면 조르주 드 메스트랄처럼 생각해보자.

---

#### ∼∽ 럭키 시크릿 ∼∽

**따분한 교훈**
현안 과제에 집중하라.

**행운이 전하는 조언**
위대한 자연 속을 산책하라.

**행운을 부르는 질문**
우리 브랜드는 대자연으로부터 무엇을 배울 수 있을까?

---

## 12.
## 행운의 도약

알폰소 바라니Alfonso Barani는 신비에 싸인 인물이다. 1800년대 후반의 이탈리아 곡예사라는 것 외에는 알려진 것이 거의 없다. 이름조차 확실치가 않다(남아 있는 몇몇 기록에서는 그를 '바로니Baroni'라고 칭한다). 하지만 그가 발명한 어려운 동작 때문에 그의 이름은 영원히 체조 용어 속에 남게 되었다.

바라니 플립Barani Flip은 앞돌기와 180도 회전으로 이루어져 있다. 공중제비를 돌면서 몸을 180도 회전시켜 착지 시에는 처음과 반대 방향을 바라보게 되는 것이다. 현재는 스노보드나 트램펄린과 같은 스포츠에서도 찾아볼 수 있다. 하지만 알폰소가 이 동작을 발명했을 때는 복부의 힘만을 사용하는 맨몸 동작이었다. 그게 얼마나 힘들지 상상해보라. 서 있는 자세에서 공중제비한 뒤 발로 착지할 뿐만 아니라 그 사이 공중에서 반 바퀴를 돌아야 한다.

이 기술을 보여주는 유튜브 동영상에는 포기했다는 댓글이 넘쳐
난다. 바라니 플립과 같은 고난도 기술들은 자기 몸을 완벽하게 통
제하는 뛰어난 선수들만을 위한 것이 분명하다. 그렇게 생각하면
이러한 고난도 기술이 아프지 않은 데가 없는 중년의 전략가가 운
동과는 거리가 먼 음식인 컵라면 브랜드인 팟누들Pot Noodle의 마케
팅을 기획하는 데 도움을 주었다는 것이 퍽 재미있다.

팟누들은 영국의 세이버리 스낵Savory Snacks* 부문에서 선두였다.
유니레버가 소유한 브랜드였는데 오직 영국에서만 팔렸기 때문에
글로벌 포트폴리오 중에서 이례적인 존재였다. 만들기가 아주 쉽다
보니 학생들 사이에서 광적인 인기를 누린다. 건조한 재료를 담은
컵에 뜨거운 물만 부으면 맛있는(영양가는 없어도) 식사가 완성된다.
이 브랜드는 재치 있는 것으로 유명한 광고 역사를 자랑한다. 하지
만 우리가 홍보 의뢰를 받은 2014년에는 매출이 하락하고 있었다.

이런 감소세의 표면적인 이유는 이전보다 세이버리 스낵 부문의
경쟁이 치열해졌기 때문이다. 팟누들이 처음 출시된 1970년대에
는 경쟁 상대가 없었지만 이후 여러 종류의 경쟁 제품들이 출시됐
다. 많은 시장 개척자가 그렇듯이 팟누들은 약간 시대에 뒤떨어지
고 싫증난 제품으로 여겨지기 시작했다. 이에 유니레버는 우리에게
브랜드가 활기를 되찾게 해달라는 의뢰를 했다.

유니레버는 팟누들 브랜드의 활기를 되찾는 데 현대적이고 문화
적인 통찰력을 발휘해주길 제안했다. 세상이 너무 복잡해졌고 따라

---

* 짭짤한 맛의 간식거리

서 단순성이 필요하다는 식으로 말이다. 그들은 커피를 주문하거나, TV를 보거나, 운동하는 방법이 쓸데없이 다양하다는 것을 지적했다. 이런 복잡한 세상에 대한 해독제로서 팟누들을 포지셔닝하는 것은 문제에 대한 흥미로운 현대적 접근처럼 보였다. 따라서 우리는 이 전제를 사용해서 여러 가지 창의적인 작업을 개발했고 최고 전략가인 로즈 호너Loz Horner를 보내 시장조사를 하게 했다. 그는 이 책에 소개된 여러 광고 캠페인인 아마존, 요크셔 티, 테일러즈 커피Taylors Coffee 등을 기획했다. 나는 또 다른 히트작을 기대하고 있었다.

하지만 좋지 못한 소식이 전해졌다. 로즈는 돌아와서 기획이 완벽하게 실패했다고 말했다. 우선 그와 이야기를 나눈 젊은이 중에서 세상이 너무 복잡해졌다고 생각하는 사람이 없었다. 실제로 그들은 "우리 아버지가 하는 소리를 하시네."라고 말했다. 이런! 더 심각한 문제는 따로 있었다. 젊은이들은 자신들의 이미지가 인생에서 손쉬운 선택지를 찾는다는 식으로 고착되는 것을 싫어했다.

이 브랜드의 역사적인 성공의 중심에 '게으름뱅이 문화Slacker culture'가 있었다는 면에서 생각하면 놀라운 상황이었다. 가장 유명한 팟누들 광고는 '모든 스낵 중에 가장 난잡한 스낵'이라는 문구로 그 영광을 얻었고 최근 광고에는 '왜 애를 써?'라는 문구가 사용되었다.

여러 세대의 젊은 학생들이 카우치 포테이토couch potato*와 소파

---

* 하루 종일 소파에서 뒹굴며 TV만 보는 사람

슬롭sofa slob*이 등장하는 농담을 보고 웃었다. 하지만 오늘날의 좀 더 야심 찬 10대들은 이런 부끄럼 없는 게으름에 싫증냈다. 경쟁 PT를 2주 앞둔 우리에게는 기획도, 식견도, 작업물도, (우리가 두려워한 대로) 기회도 없었다.

부끄럽지만, 이 시점에서 나는 좀 산만해져 있었다.

구글에서 '호전好轉'을 검색한 뒤 이내 스포츠의 유명한 역전극이라는 개미지옥에 빠졌던 것으로 기억한다. 나는 리버풀이 3 대 0으로 지고 있던 상황에서 2005년 챔피언스리그를 따낸 이야기, 보스턴 레드 삭스가 무려 86년의 저주를 끊고 2004년 월드시리즈에서 우승한 이야기, 1972년 올림픽 1만 미터 경기 도중 넘어졌음에도 금메달을 딴 라세 비렌Lasse Virén의 이야기를 읽었다. 모두 대단했으나 쓸모는 없었다.

하지만 결국 링크는 놀라운 우승에서 물리적으로 몸을 움직이는 것에 대한 글로 이어졌다. 나는 바라니를 찾아냈다. 과제로 되돌아왔을 때 그것이 내 머릿속 어딘가에 있는 스위치를 눌렀다. 이 특정한 체조 동작이 전략적인 도약을 하는 데 도움이 된 것은 말 그대로 자신의 복부 근력을 이용해서 몸을 돌렸기 때문이다. 핏누들에서 우리를 괴롭히던 부분이 바로 이런 것이었다.

우리의 시장조사는 이 브랜드의 복부 근력, 즉 핵심 역량(단순성)이 현재 18~24세 젊은이들의 구미에 맞지 않을 수 있다는 것을 시사했다. 그것을 버리고 전혀 다른 일을 하는 것이 정답이었다. 그렇

---

* 소파에 앉아 시간을 보내는 게으름뱅이

다면 같은 속성을 완전히 반대로 이용하는 것은 어떨까? 팟누들의 단순성을 뒤집는다면 과거의 카우치 포테이토가 아니라 출세 지향적인 오늘날의 젊은이들에게 매력적으로 다가갈 수 있지 않을까?

로즈와 나는 새로운 기획안을 만들었다. '팟누들이 요리 시간을 줄여주어서 인생에서 승리하게 해준다. 소파에 앉은 게으름뱅이들보다는 밤을 새우는 마크 저커버그와 스튜디오에 있는 아델을 생각하라.'라는 아이디어에 초점을 맞춘 기획이었다.

우리는 이 전략과 형편없는 바라니 플립 시연으로 경쟁 PT에서 이겼다. 동업자 대니는 이후 'You can make it(당신은 성공할 수 있다).'이라는 멋진 문구를 만들었다. 이 문구는 제품에는 물론이고(단 4분 만에 만들 수 있다) 우리 전략과도 맞아떨어졌다(인생에 성공할 수 있다).

다른 많은 사람이 재미있는 광고, PR 스턴트, SNS 포스트, 홍보를 통해 힘을 보탰다. 퍼트리샤 코르시Patricia Corsi라는 명석한 CMO가 이 모든 것을 적절하게 조율한 덕분에 매출은 사상 처음 1억 파운드를 넘어섰다.

'전략에 성공'하기까지 팀은 엄청나게 노력했다. 하지만 나는 이 성공에 있어 최우수 선수MVP는 100년 전에 활동한 이탈리아의 곡예사라는 것을 절대 잊지 않을 것이다.

## 13.
## 행운의 페인트

제1차 세계대전 중인 1917년 1월 31일 독일은 유보트U-boat가 무제한 잠수함 작전에 참여할 것이라고 선언했다. 과거 장교들은 상선 공격 때 기사도에 입각한 규칙에 따라 움직였다. 수면에 떠오른 뒤 적선을 수색하고 선원들을 안전한 위치에 대피시키고 나서 배를 침몰시켰던 것이다.

사실 이 규칙은 전쟁이 시작되고 몇 달 후부터 지켜지지 않았다. 특히 유보트가 1915년 5월 이 규칙을 무시하고 영국의 대형 여객선 RMS 루시타니아를 침몰시켜 1,198명의 사망자를 낸 것은 악명 높은 사건이었다. 전 세계가 분노했다. 영국의 편에 서서 전쟁에 참전하겠다는 미국의 결정도 여기에 영향을 받았다. 하지만 미국은 1917년 4월까지 참전하지 않았다.

따라서 1917년 1월 독일의 발표는 사실상 계산된 책략이었다.

독일은 유보트로 맹공을 퍼부어 영국을 굶긴다면\* 미국이 동원되기 전에 항복시킬 수 있으리라고 생각했다.

처음에는 이 계획이 효과가 있는 것처럼 보였다. 작전이 시작되고 3개월 만에 새롭게 강화된 잠수함들에 의해 침몰된 해상 화물만 186만 톤에 달했다. 이 맹습으로 영국에는 밀이 6주분밖에 남지 않았다. 영국의 고위 지휘부가 대책 마련에 애를 먹으면서 화이트홀\*\*은 공포에 휩싸였다.

유보트는 상대적으로 새로운 적이었다. 더구나 이런 종류의 작전은 전례가 없었다. 해군성의 고위 장교들도, 정치인들도, 공무원들도 답을 찾을 수 없었다. 하지만 해양 화가인 노먼 윌킨슨Norman Wilkinson은 기발할 뿐 아니라 효과도 좋은 예상 밖의 답을 내놓았다.

윌킨슨은 1878년 케임브리지에서 태어났고 전쟁 전에는 영국 남부 해안에서 바다 풍경을 그리며 화가로서 명성을 쌓았다. 전쟁이 발발하자 그는 영국 해군 예비대의 잠수함 순찰대에 배치됐다.

다른 모든 사람과 마찬가지로 윌킨슨도 유보트에 맞설 방법을 찾기 위해 머리를 쥐어짜고 있었다. 그런데 다른 사람들은 좀 더 전형적인 군사적 시각에서 접근한 반면에 윌킨슨은 수병이자 화가의 눈으로 접근했다. 그는 위장 디자인camouflage design이 효과가 있지 않을까 생각하게 되었다.

영국 해군성은 이미 위장을 실험한 적이 있었지만 도움이 되지

---

\*  식량을 실은 배가 영국에 들어가지 못한 결과

\*\*  관공서가 많은 영국의 거리

않는다는 것을 알게 되었다. 전문가들은 공해에서 발생하는 변수가 너무 많다고 지적했다. 시간대, 날씨, 빛의 변화에 따라 색상이 큰 영향을 받았다. 더구나 상선의 크기나 굴뚝에서 자욱하게 피어오르는 연기의 양 때문에 은폐가 불가능했다.

간단히 말해 땅 위에서 군인이나 탱크를 숨기기보다 바다 위에서 700피트(약 213미터)짜리 배를 숨기기가 훨씬 더 어려웠다. 윌킨슨도 거기에는 동의했다. 하지만 그는 생각의 방향을 바꾸었다. 호기심 많은 두뇌를 가져야만 가능한 생각의 전환이었다. 그는 자신의 예술적 배경과 군사 지식을 합쳐서 배를 숨길 수 없다는 데는 동의했지만 '보이지 않게 만들기보다 타격하기 어렵게 만들어야 한다.'라고 생각했다.

먼저 눈에 띈 것은 이 말의 모순이었다. 위장의 목적은 물체를 찾기 어렵게 만드는 것이 아닌가? 숨기지 않는다면 어떤 방법으로 타격하기 어렵게 만든단 말인가? 이미 많은 상선이 침몰되고 있었다. 그들을 구하는 유일한 방법(최소한 페인트를 이용한 유일한 방법)은 눈에 덜 띄게 하는 것이 아닌가? 은폐가 목적이 아닌 위장도 있다. 화가인 윌킨슨은 특정 패턴이 혼란을 일으킨다는 점을 알고 있었다 (피카소는 이후 자신의 입체파 방식이 여기에서 영감을 얻었다고 말했다).

해군에서 몇 년을 보낸 윌킨슨은 유보트의 한계도 인식하고 있었다. 유보트는 치명적인 무기이기는 했지만 표적을 타격하는 데 시간과 노력이 들었다. 배를 찾는 것은 잠수함 승무원에게 그리 어려운 일이 아니었다. 진짜 기술은 잠망경을 통해 재빨리 표적을 보고 거리와 진행 방향을 계산해내는 데 있었다. 윌킨슨은 영국의 상선들이 유보트 승무원을 혼란에 빠뜨릴 수 있다면 도망칠 기회가 많이 늘어나리라고 판단했다.

이해하는 데 시간이 좀 걸리긴 했지만 해군성은 윌킨슨의 대담한 계획을 지지했다. 4,000척의 배를 대조적인 색상과 대담한 기하학적 패턴으로 칠했다. 반직관적이게도 이 패턴은 배를 쉽게 눈에 띄게 했다. 하지만 그 크기가 얼마나 되는지, 얼마나 멀리에 있는지, 어느 방향으로 향하는지를 추측하기는 극히 어려웠다.

윌킨슨이 여러 화가, 조각가, 무대 디자이너들의 아이디어를 모아 만든 디자인은 똑같은 것이 하나도 없었다. 그 결과 눈에는 쉽게 띄지만 독특하게 보호되는 화려한 선단이 만들어졌다. 이 기법은 기발한 아이디어에 걸맞게 '눈부신 페인팅dazzle painting'으로 알려졌다.

나는 이 스토리를 무척 좋아한다. 전혀 다른 분야에서 영감을 얻어 문제를 완전히 새롭게 재구성한 것이기 때문이다. 특히 이 사례는 예술이 무척 다양한 팔레트를 제공한다는 점을 일깨운다. 윌킨슨은 문자 그대로 그 팔레트를 빌려 썼지만 브랜드들은 예술에 내포된 개념을 이용해 창의력을 발휘할 수 있을 것이다.

예를 들어 점묘법은 대중 참여에 대해 생각할 거리를 준다(수많은 점이 모여 큰 그림을 만든다). 베닌 브론즈Benin Bronzes*는 프리미엄화 전략을 자극할 수도 있다. 다다이즘은 충격 요법을 생각나게 할 수

---

* 나이지리아에 있었던 베닌 왕국의 유물들

있고, 팝 아트는 상업적인 목적을 좀 더 드러내고 싶게 하고, 프리다 칼로의 작품은 불가사의한 것에 대한 영감을 선사할 수 있다. 에드바르 뭉크의 「절규」는 또 어떤가! 그 그림을 보고 본인의 비즈니스와 한 가지 이상의 잠재적 연관성을 찾아내지 못하는 사람이 있을까?

우리는 해군성의 고위 장교들처럼 전례가 없는 문제에 전형적인 해법을 적용할 때가 너무나 많다. 하지만 눈을 크게 뜨고 다른 참고할 만한 점을 뽑아낸다면 훨씬 더 흥미로운 질문과 해답에 이를 수 있다.

훌륭한 마케팅은 예술이다. 궁지에 몰린 경우라면 출구를 그려보는 것이 최선의 방책일 수 있다.

---

·〜· **럭키 시크릿** ·〜·

**따분한 교훈**
마케팅은 예술이 아니라 과학이다.

**행운이 전하는 조언**
책상에 앉아 있기보다 미술관을 둘러보면 많은 영감을 얻을 수 있다.

**행운을 부르는 질문**
예술을 이용해서 새로운 상업적 아이디어를 자극할 수는 없을까?

---

## 14.
## 행운의 개

최근 몇 년 사이 마케터들이 자신을 스토리텔러라고 말하는 게 유행이었다. 솔직히 나는 그런 현상을 그리 좋게 보지 않는다. 당신이 만약 한스 크리스티안 안데르센이라면 그런 직무기술서를 얼마든지 링크드인 프로필에 올려도 된다. 그러나 안데르센 정도 되는 사람이 아니라면 생계를 위해 스토리를 만든다고 떠들기 전에 좋은 스토리를 구성하는 것이 무엇인지부터 연구해야 할 것이다.

이런 연구에 나서고자 하는 사람들이라면 영국 스파이 소설의 대가 존 르 카레의 지혜로운 관찰이 유용할 것이다. "'고양이가 매트 위에 앉아 있었다.'는 스토리가 아니다. 하지만 '고양이가 개의 매트 위에 앉아 있었다.'는 스토리의 시작이다."

갈등은 모든 훌륭한 서사의 핵심이다. 성공한 작가들은 신인 작가들에게 일찍부터 갈등을 마련해 두라고 권한다. 심지어는 첫 문장부터 말이다. 이후 주인공이 갈등을 타개하는 것이 불가능해 보이는 상황까지 계속해서 늘려나가야 한다고 조언한다. 그들은 이런 위기가 없다면 독자나 시청자는 갈등 해소에 관심을 가지지 않을 것이라고 경고한다.

하지만 대부분의 광고는 적극적으로 갈등을 피한다. 브랜드에 혹 나쁜 영향을 줄까 하는 염려 덕분에 등장인물과 배경은 착하고 멋진 것이 보통이다. 주인공에게는 마법처럼 좋은 일들이 일어난다. 어려운 주제는 외면당하고 부정성은 빈축을 산다. 그리고는 왜 아무도 관심을 가지지 않는지 의아하게 여긴다.

분명히 말하지만 콘프레이크 광고에 공포 영화 「나이트메어」의 악한 프레디 크루거나 마블의 악당 캐릭터 직소를 집어넣자는 것이 아니다.* 사람들이 우리 스토리에 관심을 가지는 이유를 끊임없이 자문해봐야 한다. 그보다 더 중요한 것은 전문가들이 최고의 서사를 이룬다고 말하는 다양한 유형의 갈등을 고려해 보는 일이다.

첫 번째로 등장인물 대 자신의 갈등이 있다. 훌륭한 소설과 영화 중에는 내면의 갈등을 중심으로 삼는 것들이 있다. 광고에서는 이런 종류의 혼란을 피하는 것이 보통이다. 자신감이 부족하다는 인상을 주기 때문이다. 하지만 때로는 자기 회의를 인정함으로써 공감과 힘을 높일 수 있다.

예를 들어 우리는 2018년 헤비급 복싱 선수 앤서니 조슈아An-

---

* 시리얼 살인마Cereal Killer, 연쇄 살인마serial killer라는 단어의 serial을 가공 곡물이라는 뜻의 동음이의어 시리얼로 대체해 만든 말

thony Joshua가 출연하는 언더 아머 광고를 만든 적이 있다. 당시 '앤서니 조슈아'는 WBA, IBF, IBO 타이틀을 보유하고 있었고 WBO 벨트도 가져올 참이었다. 반박의 여지가 없는 그의 기량을 찬양하는 광고라면 쉽게 만들 수 있었을 것이다. 하지만 그것은 의미 있는 스토리가 아니었다. 대신 우리는 그가 내면의 악마와 섀도복싱을 하는 모습을 보여줬다. 그것은 훨씬 더 놀라웠다. 그의 목소리가 입혀졌다. "가장 위대한 싸움은 당신 머릿속에서 일어납니다. 빛이 있는 곳에는 항상 그림자가 있기 때문입니다."

다음으로 등장인물 대 등장인물의 갈등이 있다. 이것은 마케팅에서 훨씬 더 흔하다. 코카콜라 대 펩시콜라, 아이맥 대 PC, 맥도날드 대 버거킹을 생각해보라. 하지만 이런 광고는 성공시키기가 어렵다. 옹졸하다는 인상을 주고 부주의하게 라이벌의 주의를 끌 수 있다. 다시 말하지만 비결은 갈등이 이해관계인만이 아니라 폭넓은 고객들에게 즐거움을 주도록 만드는 것이다.

예를 들어 몇 년 전 우리는 중국의 스마트폰 제조업체 원플러스의 의뢰를 받았다. 그들은 경쟁사인 삼성의 스마트폰과의 직접 비교를 원했다. 극도로 지루해질 가능성이 있었지만 우리는 좀비, 개, 날아다니는 선인장의 공격을 받는 동안 스마트폰을 테스트하는 자칭 '바보'가 되었다.

다음은 등장인물 대 자연의 갈등이다. 이것은 예술에서 이미 자리를 잡은 장치로 소비지상주의와 환경 사이의 잠재적 갈등을 고려할 때 비즈니스에서도 중요성이 커질 것으로 보인다.

내 동료 대니는 이 주제로 아주 좋은 아이디어를 개발했다. 바로 '그린 산타Green Santa'였다. 그의 목표는 어린이들에게 지구온난화를 가르치는 것이었다. 문제는 어떻게 어린이들의 관심을 끌어내는 가였다. 빙원이 녹으면 산타의 썰매가 날아오를 수 없을 것이다. 그렇게 대니는 멀티미디어 스토리를 만들어 처음에는 온라인으로 다음에는 TV 시리즈로 발표했다. 이 TV 시리즈는 영국 아카데미상 후보에까지 올랐다. 이 아이디어가 화려한 성공을 거둔 이유는 무엇일까? 그 핵심에 위기가 있었기 때문이다.

등장인물 대 사회의 갈등 역시 오늘날의 마케팅에서 흔히 볼 수 있다. 많은 브랜드가 자신들의 '목적 의식'을 드러내기 위해 중요한 사회적 사안과 맞붙고 있다. 그 장단점에 대해서는 4부에서 다루겠지만 여기에서 간단히 주의의 말을 전하는 것이 좋겠다. 당신 브랜드가 이야기할 만한 강력한 스토리를 가지고 있는지, 당신의 서사가 평범함을 넘어서는지 반드시 확인하도록 하라. 진정한 갈등이 존재하지 않는다면 그렇지 않아도 모두가 동의하는 화제에 대해 무의미한 말을 반복하는 꼴이 되고 말 것이다.

마지막으로 등장인물 대 기술의 갈등이 있다. 사람과 기계 사이의 관계는 우리 시대의 중요한 주제 중 하나임이 분명하다. 그럼 기술에 대한 흥미로운 스토리를 인간적인 냄새가 나도록 전하려면 어떻게 해야 할까?

우리 팀은 2018년 제52회 슈퍼볼을 준비하며 이 문제를 고민하고 있었다. 우리는 아마존의 음성 기술 알렉사를 홍보하기 위한 기획안을 마련하던 중이었다. 알렉사는 구글과 애플이 내놓은 치열한 경쟁자들과 맞서고 있었다. 하지만 알렉사는 인간의 이름이라는 장점이 있다. 이미 좀 더 가족의 일원과 같은 느낌을 주고 있었던 것이다. 우리는 재미있는 방식으로 거기에 활기를 불어넣고 싶었다. 결국 사람들이 슈퍼볼을 보는 데는 축구를 보기 위한 목적만큼이나 광고를 시청하기 위한 목적이 크다.

우리는 알렉사를 자랑하거나 아마존의 기술을 경쟁사와 비교하고 싶지 않았다. 대신 알렉사를 현대 생활에 없어서는 안 될 부분으로 포지셔닝하고 싶었다. 그래서 대니가 오래된 영화 「인어공주」를 가지고 사진을 만들었을 때 놀라지 않을 수 없었다. 그렇다. 한스 안데르센을 통해 불멸의 이름이 된, 그리고 1989년 디즈니에 의해 부활한 그 인어공주. 목소리를 잃었다가 다시 찾게 된 그 인어공주다.

알고 보니 대니는 우리 회사의 COO 닉 업튼Nik Upton과 채팅을 하다가 "알렉사가 목소리를 잃으면 어떤 일이 벌어질지 상상해 봐."라고 말했다고 한다. 그것은 무모한 아이디어였다. 하지만 대니는 그걸 우스꽝스럽다고 생각하지 않았다. 그리고 아마존도 마찬가지였다.

사실 아마존의 글로벌 크리에이티브 부사장 사이먼 모리스Simon Morris는 그 생각에 흥미를 느꼈다. 대니와 사이먼은 이후 몇 달에 걸쳐 대규모 팀과 힘을 합해 이 간단한 아이디어를 흥미진진한 스토리로 변신시켰다.

우선 그들은 아마존 엔지니어들과 협력해서 알렉사가 슈퍼볼에서 누가 이길지 질문을 받는 경우 기침을 하도록 만들었다. 이 '이스터에그Easter egg*'는 게임 전 일주일 동안 활성화되었고 100만 이상의 사람들이 이 기능과 상호작용을 가졌다. 소셜 미디어에서는 무슨 일인가 벌어지고 있다는 이야기가 퍼졌다.

다음으로 티저 필름이 온라인에 공개됐다. 출연자는 다름 아닌 제프 베이조스였다.

"알렉사가 목소리를 잃었다고? 어떻게 이런 일이 생기는 거지?" 아마존 설립자가 직원들에게 물었다. 직원들은 그에게 걱정하지 말라고 안심시켰다. 그들에게는 계획이 있었고 분명히 성공할 것이라고 확신하고 있었다. 하지만 그들의 표정은 다른 이야기를 하고 있었다. 긴장감이 고조됐다.

슈퍼볼이 며칠밖에 남지 않았다. 갑자기 유명인들이 소셜 미디어를 통해 팬들에게 아마존으로부터 이상한 헤드셋을 받았다는 이야기를 전했다. 카디 비, 앤서니 홉킨스, 고든 램지, 레벨 윌슨 등이 택배 박스 속에서 장치를 발견했다. 하지만 무슨 일이 벌어지는지는 아직 명확하지 않았다.

마지막으로 경기 당일 모든 조각이 맞춰졌다. 90초짜리 영상은 알렉사가 기침하고 제프가 걱정하는 영상을 다시 보여줬다. 이후 유명인들이 알렉사를 대신하려 애쓰는 모습이 등장했다. 재미있는 실패 목록이 뒤따랐다. 의도는 좋았지만 유명인들은 알렉사의 발끝도 따라가지 못했다. 다행히 알렉사는 마침 알맞은 때 가까스로 회

---

* 게임 개발자가 자신이 개발한 게임에 재미로 숨겨 놓은 메시지나 기능

복했고 음악이 나오기 시작했다.

"더 잘하는 사람은 없어."

나는 이 스토리가 르 카레의 기준을 통과한다고 생각한다. 미국 대중들도 그렇게 생각하는 것 같았다. 그들은 그 광고를 슈퍼볼 광고 중 최고로 꼽았다(영국 에이전시로서는 최초였다). 또한 유튜브에 따르면 5,000만 명이 온라인으로 그 광고를 시청해 그해 세계에서 가장 많이 시청한 광고가 됐다.

그러니 부디 자신을 스토리텔러라고 생각하라. 하지만 우선 이 책을 내려놓고 훌륭한 소설을 집어 들어라. 좋아하는 영화를 보거나 연극을 보러 가라. 그리고 브랜드 스토리로 돌아가 보라. 결국 대중의 관심을 두고 이 모든 콘텐츠와 경쟁해야 한다. 이제 편집자들이 하는 것처럼 자신에게 엄격해져라. 당신의 서사는 매트 위에 앉아 있는 고양이로 이루어져 있는가? 그렇다면 개를 찾아라.

---

### ⁓ 럭키 시크릿 ⁓

**따분한 교훈**
마케팅은 멋지고 긍정적인 스토리텔링에 대한 것이다.

**행운이 전하는 조언**
스토리를 흥미롭게 만들기 위해서는 위기가 존재해야 한다.

**행운을 부르는 질문**
어떤 갈등이 우리의 스토리를 다른 사람들에게 흥미롭도록 만들 수 있을까?

---

## 15.
## 행운의 숫자

조앤 긴서**Joan R. Ginther**는 세상에서 가장 운이 좋은 여자다.

그녀는 텍사스주 로또에서 네 번이나 거액에 당첨됐다. 그녀의 연승은 1993년 540만 달러 로또에 당첨되는 것으로 시작됐다. 2006년에는 홀리데이 밀리어네어 스크래치 오프 복권으로 200만 달러를 땄다. 2년 뒤에는 밀리언즈 앤드 밀리언즈 복권에서 300만 달러에 당첨됐다. 마지막으로 2010년에는 1,000만 달러에 당첨되어 총 당첨금이 2,040만 달러가 됐다.

이런 일이 가능할 확률은 $1/18 \times 10^{24}$다. 18 뒤에 0이 24개 붙는다. 지구상의 모래알보다 많은 숫자다. 그녀는 도대체 어떻게 이런 일을 해냈을까?

아마도 스탠퍼드대학교에서 받은 통계학 박사 학위가 유용했을 것이다. 2012년 매사추세츠주 복권의 허점을 이용해 800만 달러를 받은 MIT 수학과 학생이나 혹은 2011년 캐나다 복권을 해독한 통계학자 모한 스리바스타바Mohan Srivastava가 비슷하다. 하지만 이런 사람들과 달리 긴서는 성공의 비밀을 설명한 적이 없다. 따라서 우리는 그녀의 방법을 추측하는 수밖에 없다.

그 역학이 대단히 복잡하다는 것은 말할 필요도 없다. 그런데 전문가들이 가장 자주 언급한 두 가지 요소는 본질적으로 가격과 유통이다. 가격은 중요한 요소다. 긴서는 비교적 저렴한 즉석 복권을 선호했고 1등 당첨금이 대단히 높아졌을 때 엄청난 수의 복권을 구입해서 당첨 확률을 높였던 것으로 보인다. 일부의 추정에 따르면, 그녀는 수년간 복권에 300만 달러 이상을 썼지만 자신이 계산한 가격 대 확률의 비율이 가장 유리할 때 집중했다.

두 번째 요소로 유통이 중요하게 작용하는 것은 긴서가 당첨 복권이 주 전역에 어떻게 분산되는지 계산해낸 것으로 보이기 때문이다. 그녀는 잘 알려지지 않은 벽지僻地에서의 복권 구입에 집중했다. 또 다른 수학자인 임페리얼칼리지 런던의 명예교수 데이비드 핸드David Hand의 말대로 "그녀는 회사가 복권을 배송하는 데 사용하는 라우팅 알고리즘을 깬 것 같다."

분명히 이보다 훨씬 복잡한 요소들이 있을 것이다. 하지만 이 책의 목적에서 볼 때는 다음 두 가지가 흥미롭다.

첫째, '수학자들은 다른 사람들이 놓치는 좋은 기회들을 알아챈다'는 사실이다. 둘째, 그들은 '우리가 그리 흥미롭게 여기지 않는 인풋에 집중함으로써 그런 일을 해내는 경우가 많다'는 점이다. 예

를 들어 1960년대 이후 모든 마케터들은 4P, 즉 제품Product, 가격
Price, 장소Place, 홍보Promotion의 중요성에 관한 교육을 받았다. 하
지만 최근 들어서 긴서가 성공적으로 받아들인 가격과 장소는 점점
외면받고 있다.

2017년의 설문조사에 따르면, 대부분의 마케터들은 조직 내에서
가격 책정에 대한 주된 책임을 맡고 있지 않으며 거의 절반이 이런
상황에 매우 만족하고 있다. 이는 분명 가격 책정이 광고나 신제품
을 만드는 화려하고 매력적인 일에 비해 재미없고 복잡하게 보이기
때문일 것이다.

상상력을 발휘해서 지금의 마케터들이 이용할 수 있는 모든 옵션
을 생각해보라. 탄력요금제, 구독, 공동 구매, 경매, 프리미엄 모델,
P2P 플랫폼 등 현재는 가격 책정에서 역사상 유례가 없는 창의성
을 발휘할 수 있는 때다.

유통도 마찬가지다. 우리 친구인 바이런 샤프 교수는 엄청난 양
의 증거를 기반으로 물리적인 이용 가능성의 증가가 브랜드 성장에
필수적임을 보여주었다. 어떤 면에서는 코카콜라의 오랜 슬로건인
'바라는 사람의 손이 닿는 곳에'와도 일치한다. 현재는 가격 책정에
서와 마찬가지로 이를 달성할 수 있는 창의적인 선택지로 팝업 스
토어에서 고객 직접 거래D2C, 애그리게이터aggregator*, 마켓플레이
스, 소셜 커머스, 음성 기술 등 수없이 많다. 다시 말하지만 이런 선
택지들을 활용하면 어떤 광고 캠페인보다 빠르게 브랜드를 성장시

---

* 아마존과 같은 마켓플레이스에 입점한 유망 브랜드를 발굴해 인수하거나 투자하는 회사

킬 수 있다.

핀듀오듀오Pinduoduo는 최근 기록적인 성장세를 보이는 회사다. 그 대부분은 가격과 장소의 파괴적 전략 덕분이다. 2015년에 시작된 이 회사는 2020년 3분기까지 6억 4,300만 명의 사용자를 모았다. 그해 핀듀오듀오는 식료품에서 가전제품까지 엄청나게 다양한 제품을 판매하는 중국의 2대 온라인 소매업체로 등극했다.

이 성공 스토리의 첫 요소는 공동구매 기능이었다. 제품을 보는 사용자에게 두 가지 가격 옵션이 제공된다. 첫 번째 가격은 표준 가격이고 두 번째 가격은 2명 이상의 구매자가 합류할 때 적용되는 할인가다. 사람이 많아질수록 할인 폭도 커진다.

짐작했겠지만 이로써 수백만의 사람들이 친구들과 구매한 것에 관한 이야기를 나누고 다른 사람도 제품을 구매하도록 부추겼다. 이 기능은 큰 인기를 끌어서 중국의 다른 전자소매업체들 대부분이 그 뒤를 따랐다. 하지만 핀듀오듀오에는 다른 업체가 따라 할 수 없는 이점이 있다. 선두 주자일 뿐만 아니라 이름 자체가 '함께해서 더 아끼고 더 재미있게'라는 의미이기 때문이다.

핀듀오듀오의 폭풍 성장 뒤에 있는 두 번째 요소는 위챗과의 통합이다. 위챗은 중국에서 가장 인기 있는 메시지 앱으로 사용자가 10억 명이 넘는다. 위챗의 뒤에는 핀듀오듀오에도 투자한 텐센트가 있다. 이로써 핀듀오듀오는 최대 라이벌인 알리바바보다 큰 이점을 가진다. 고객들이 위챗에서 곧바로 결제를 할 수 있기 때문이다. 반면 시장 리더인 알리바바는 알리페이를 설정하는 추가적인 단계를 거쳐야 한다. 마찰이 없는 인터페이스 덕분에 핀듀오듀오는 시골에까지 깊숙이 침투해서 기술에 덜 익숙한 사용자들을 끌어들일 수 있었다.

이 같은 놀라운 매출 성장과 시가 총액에도 불구하고 핀듀오듀오가 이제야 겨우 손익분기점을 넘었다는 점을 밝히고 넘어가야 하겠다. 하지만 핀듀오듀오가 가격과 장소의 수학을 재고함으로써 지구상에서 가장 큰 소매 시장에 엄청난 영향력을 입증해냈다는 점만은 분명하다.

달리 표현해 핀듀오듀오의 6억 4,300만 명 사용자는 곧 이 회사가 긁지 않은 수많은 복권을 가지고 있다는 의미다. (불길하게도 지금은 라스베이거스로 이주한) 긴서와 마찬가지로 핀듀오듀오의 성공 역시 가격과 장소의 수학에서 비롯되었다는 데 이의를 제기할 사람은 없을 것이다.

---

### ∾⚬∿ 럭키 시크릿 ∿⚬∾

**따분한 교훈**
마케팅은 상품과 홍보에 관한 것이다.

**행운이 전하는 조언**
나머지 두 개의 P인 가격과 장소가 더 나은 선택이 될 수 있다.

**행운을 부르는 질문**
수학자라면 가격과 장소를 어떻게 사용해서 우리가 속한
범주의 숫자를 바꿀까?

---

## 16.
## 행운의
## 심리학자

내 아내는 임상 심리학자다. 사람들은 그 이야기를 들으면 아내가 나 때문에 바쁠 거라는 농담을 하곤 한다. 어쩌면 나보다 그들의 생각이 진실에 더 가까울지도 모르겠다. 농담은 그만두고 진지하게 말해서 우리 부부가 완전히 다른 직업을 가졌다는 것은 꽤 도움이 된다. 나는 종종 그녀의 잡지나 저널을 빌린다. 거기에는 내 분야에도 적용할 수 있는 인간의 정신에 대한 놀라운 통찰을 다룬 경우가 많기 때문이다. 특히 오래전 국세청의 마케팅 전략을 세울 때 유용했다.

나는 그 일이 들어왔을 때 마냥 반가워할 수만은 없었다. 세금은 세상에서 가장 재미없고 딱딱한 주제이고 마케팅 기획은 대단히 복잡했다. 초점은 더 많은 납세자가 매년 1월 31일까지 세금 신고를 하도록 하는 데 있었다. 게다가 그 세금 신고를 온라인으로 접수하도록 유도하기까지 해야 했다.

짐작이 가겠지만 날짜, 벌금, 전화 상담 서비스, 웹 주소 등 알려야 하는 세부 사항도 너무 많았다. 국세청이 영국이란 나라 안에서 가장 인기 없는 조직이라는 사실도 도움이 안 되기는 마찬가지였다. 벤저민 프랭클린이 남긴 명언이 있다. "이 세상에서 죽음과 세금 외에 확실한 것은 없다." 하지만 그가 언급하지 않은 것이 있다. 우리는 후자(세금)보다 전자(죽음)에 더 수용적인 태도를 취한다.

국세청은 역사적으로 마케팅에 간섭을 많이 했다. 사실 국세청의 가장 유명한 캠페인에는 '조사관 헥터Hector the Inspector'라는 만화 캐릭터가 등장했다. 줄무늬 양복에 중절모를 쓴 헥터는 1950년대에서 튀어나온 모습으로 세금 신고를 하라고 사람들을 위협하며 이름값을 한다.*

최근 헥터는 인기 TV 드라마 『테드 신부』의 등장인물로 교체되었지만 접근법은 근본적으로 동일하다. 테드 신부의 가정부 도일 여사Mrs. Doyle가 "어서, 어서, 어서."라고 혹은 (두 번째 목표까지 달성하기 위해) "어서, 어서, 온라인으로."라고 잔소리를 했던 것이다.

사람들이 싫어하는 조직을 위해 원치 않는 일을 하게 하려면 이것이 유일한 방법이라는 것이 통념이었다. 하지만 규정을 준수하는 사람들은 계속 줄어만 갔다. 1퍼센트마다 약 3억 파운드가 오가는 시장에서 큰 문제가 아닐 수 없었다.

이 문제로 고민하던 중 나는 아내의 심리학 저널에서 기사를 하

---

* 헥터hector는 동사로 위협하다는 뜻이 있다.

나 발견했다. 미루는 버릇에 관한 기사였다. 아내에게 작가가 논문을 끝낸 것이 놀랍지 않냐고 농담을 했던 것이 기억난다. 그녀는 기획서를 써야 하는 상황에서 잡지를 뒤적이는 내가 할 소리는 아닌 것 같다고 대꾸했다. 냉정하기는……. 그 기사를 읽으면서 나는 내 과제에도 실제로 적용할 수 있는 학문적 관점을 발견했다.

특히 만성적으로 일을 미루는 사람에게 "꾸준히 해 나가라."라고 말하는 것은 우울증이 있는 사람에게 "기운을 내라."라고 말하는 것과 마찬가지라는 첫 단락이 눈에 쏙 들어왔다. 이 주제에 관한 연구가 부각되고 있었다. 글을 읽을수록 국세청 마케팅 기획에 대한 흥미도 커졌다.

나는 지루한 서류를 채워나가다가 갑자기 인간 본성의 뿌리깊은 버릇을 해결하려고 씨름했다. 우리는 어떻게 권위에 대응할까? 압력이 있을 때 어떻게 일을 할까? 당근과 채찍 중 어느 것이 동기부여에 좋을까? 내가 흥미를 느낀다면 고객도 그럴 것이다.

우리는 이런 신선한 통찰을 기반으로 자진 세금 신고에 대한 완전히 새로운 커뮤니케이션 모델을 개발했다. 그것은 다음과 같은 문구로 요약된다.

"세금이 꼭 번거로울 필요는 없잖아."

세금 신고를 하라고 사람들을 위협하는 대신 우리는 도움을 제공했다. 결정적으로 우리는 그 일이 재미있을 것처럼 가장하지 않았다. 그저 몇 가지 간단한 단계를 따르면 혼자 쉽게 할 수 있을 것이라고 말했을 뿐이다.

여태 딱딱하기만 했던 세금 자진 신고 광고에 재미를 더하기 위해서 우리는 TV에서 인기 있는 교수에게 귀찮은 일을 하는 것에 대한 심리를 설명하게 했다. 특히 그는 정말로 원하는 일을 하기 위해 세금 신고가 방해가 되지 않게 하라고 권고했다.

이것은 광고 캠페인이라기보다 부모가 아이들에게 나가 놀고 싶으면 숙제를 하라고 구슬리는 것에 가까웠다. '세금이 꼭 번거로울 필요는 없다'는 캠페인은 약 10년 동안 계속됐고 이로 인해 첫 3년 동안만 영국 정부가 절약한 금액이 1억 8,500만 파운드에 달했다.

당시에는 깨닫지 못했지만 이 캠페인은 훨씬 더 큰 움직임의 초기 사례였다. 바로 심리학이라는 학문을 마케팅에 적용하는 것이었다. 2002년 캠페인이 시작된 해에 심리학자 대니얼 카너먼이 노벨 경제학상을 받았다. 그는 경제학 강의를 한 번도 들은 적이 없었다. 2008년 리처드 탈러와 캐스 선스타인은 베스트셀러 『넛지』를 통해 전략가들의 관심을 사로잡았다.

오늘날에는 브랜드 기획자들이 업무에 행동 경제학을 응용하는 것이 거의 관례가 됐다. 여기에서 짚고 넘어가고 싶은 것은 전략가들이 이런 새로운 이론을 또 다른 쉬운 답처럼 여겨서는 안 된다는 점이다. 많은 원칙은 서로 모순되며 실험을 기반으로 하기 때문에 우리 업계에 자연스럽게 적용되지 않기도 한다. 그런 아이디어들은 성공을 보장하는 확실한 규칙이라기보다 영감의 원천으로서 더 유용할 것이다.

좋은 치료사라면 누구나 알듯이 심리학에서 가장 중요한 것은 적절한 질문을 던지고 그 대화가 당신을 어디로 데려가는지 살피는 일이다. 깊이 파고들수록 정말 흥미로운 무언가를 찾을 가능성이 커진다.

---

### ⸜ 럭키 시크릿 ⸝

**따분한 교훈**
심리학자들은 사람들에 대한 문제를 다룬다.

**행운이 전하는 조언**
심리학자들이 브랜드를 위한 기회를 발견하게 할 수도 있다.

**행운을 부르는 질문**
우리 브랜드가 상담실을 찾는다면 심리학자는 무슨 말을 할까?

---

## 17.
## 행운의 케이크

캔디스 넬슨은 한밤중에 깨어나 임신한 배를 부여잡았다. 달달한 게 먹고 싶었지만 그런 걸 파는 곳이 문을 열지 않은 시간이었다. 다행히 그녀는 스프링클 제과 체인의 창립자였기 때문에 뒤척이며 다시 잠을 청하는 대신 해법을 생각해내려고 애썼다.

마침내 아이디어가 떠올랐다. 세계 최초의 컵케이크 ATM 기기!

미국 경제지 『포춘』은 "천재적이라고 극찬을 받을 아이디어는 아니다."라고 인정했다. 제과점이 은행에서 힌트를 얻는다고? 하지만 컵케이크 ATM은 큰 성공을 거뒀다. 2012년 처음 출시한 컵케이크 ATM은 현재 미국 전역에 수십 개가 있다. 기계 하나에 800개의 케이크가 있고 케이크는 개당 4달러에 판매된다. 스프링클스는 매년 수백만 달러를 벌어들인다. 컵케이크 ATM이 없었다면 스프링클스가 벌어들일 수 없는 거액이다.

컵케이크 ATM은 전혀 다른 부문에서 아이디어를 빌려 온 대표적인 사례다. 이것은 제조업에서는 흔한 일이다. 제조업에서는 더 혁신적인 사례들이 발견되곤 한다. 예를 들어 최근『하버드 비즈니스 리뷰』에 발표된 한 논문은 수백 명의 지붕수리공, 목수, 인라인스케이터에게 안전 장비의 아이디어 개발을 의뢰한 실험에 대해 설명했다. 각 그룹은 자신의 전문이 아닌 분야에서 해당 전문가보다 훨씬 더 나은 아이디어를 내놨다.

하지만 마케팅 계통에서는 이런 상호 교류가 일반적이지 않다. 이는 우리 업계가 '독창성'에 과도하게 집착하기 때문으로 보인다. 각 부문에 절대 깨져서는 안 되는 그 나름의 '카테고리 규칙'이 있다는 뿌리깊은 견해가 원인일 수도 있다.

우리가 사용하는 프로세스도 도움이 안 되기는 마찬가지였다. 예를 들어 추적 연구는 시장에 대한 매우 좁은 시각에서 이루어진다. 경쟁자 검토에는 직접적인 경쟁 업체만이 포함된다. 사원 모집도 부문별로 이루어지는 때가 많다. 어느 쪽이든 우리는 바로 옆 사무실이 아닌 한 다른 범주에서 아이디어를 빌려오는 일을 꺼리는 것처럼 보인다. 사고방식을 바꾸는 것이 공장 설비를 바꾸는 것보다 훨씬 쉬울 텐데 부끄러운 일이다. 이 문제에 관해서는 맥주 회사도 마찬가지다.

테넌트 라거Tennent's Lager는 1885년 글래스고 이스트엔드의 웰 파크에서 탄생했다. 사실 그곳에서는 이미 1556년부터 맥주를 제조해 왔다. 테넌트는 인근 경쟁 업체들보다 규모가 몇 배는 크다.

스코틀랜드 음료 시장에서 테넌트의 점유율은 대단히 높아서 우유나 생수 브랜드도 따라오지 못할 정도다. 이 나라의 거의 모든 거리와 축구장에서 해당 기업을 상징하는 붉은 'T' 자를 볼 수 있다. 간단히 말해 다른 어떤 브랜드도 따라오지 못할 정도로 스코틀랜드 문화를 지배하고 있다.

이렇게 압도적인 선두를 차지하고 있을 때의 문제는 경쟁 업체와의 격차가 좁혀지게 된다는 것이다. 2016년에 바로 그런 일이 일어났다. 수많은 소규모 경쟁업체들(해외의 수입 맥주와 지역의 크래프트 맥주들)이 매출을 갉아먹었다. 브랜드의 모기업인 C&C그룹은 다소 현실에 안주했다는 것을 깨닫고 역사상 처음으로 광고가 필요하다는 판단을 내렸다. 그들은 빠른 성과를 내는 것으로 유명한 가브 톰슨Gav Thompson을 새로운 최고마케팅책임자로 영입했고 그는 우리에게 전화했다.

우리는 가브 톰슨과 여러 차례 일했는데 행동을 우선시하는 태도가 매우 좋았다. 그는 위대한 일을 알아보고 어떻게 해내야 하는지 아는 열정적인 사람이었다. 테넌트(스코틀랜드 사람인 나는 테넌트와 함께 성장했고 거기에 깊은 애정을 갖고 있다)의 일을 그와 하고 있다는 사실이 마치 꿈의 조합처럼 느껴졌다.

그런데 왜 처음에는 일이 그렇게 어려웠을까?

돌이켜보면, 우리는 너무 좁은 범위에 한정해서 일을 시작했던 것 같다. 우리는 테넌트 맥주를 경쟁사 맥주와 비교하기 위해 시음회를 개최했지만 조금 맥이 풀리는 결과가 나왔다. 익숙한 맥주보다는 급부상한 새로운 제품에 사람들이 흥미를 느꼈기 때문일 것이다. 시장조사(라고 쓰고 '글래스고 주변 펍 순례'라고 읽는다)도 했다. 심란하기는 마찬가지였다. 테넌트 맥주는 펍에 다 있었지만 신생 브랜드들의 선호도가 더 높은 경우도 있었다. 물론 맥주를 많이 마시는 사람들로 포커스 그룹을 꾸려서 기호를 묻는 과정도 거쳤다. 그들은 여전히 테넌트에 강한 애착을 가진 것 같았지만 보다 세련된 취향에 대한 열정도 그에 못지않았다.

이 모든 계획은 타당성은 있었지만 다소 인위적인 방법이었다. 실제로 사람들은 여러 맥주를 나란히 두고 시음을 하지 않고 바에서 맥주 파운트fount*를 비교하지도 않고 맥주에 대해 몇 시간씩 이야기를 나누지도 않는다. 그저 맥주를 마실 뿐이다! 그 결과 위협을 정면 돌파하려고 애쓰던 우리는 결국 몇 주를 낭비하고 오히려 문제를 키워버리고 말았다. 수입 맥주나 유행을 좇는 크래프트 맥주의 허세를 비웃는다는 아이디어들은 테넌트를 속이 좁고 방어적인 브랜드로 보이게 했다.

이 브랜드가 맥주라는 범주에서 벗어나 스코틀랜드인의 삶에서 맡고 있는 특별한 역할을 포착하려고 애를 쓰기 시작하고서야 비로소 정상 궤도로 돌아올 수 있었다. 전략을 바꾸자는 아이디어가 떠오른 것은 맥주 공장을 돌아보고 있을 때였다. 내면을 들여다보려는 의도에서 나온 계획이었다. 그런데 내가 물, 맥아, 홉, 효모가 발효되는 엄청난 크기의 통을 올려다보면서 더 거대한 것이 연상되었

---

* 맥주를 따르는 기계

다. 대형 실린더와 주변의 파이프들은 양조장이라기보다는 발전소처럼 보였던 것이다.

나는 테넌트가 우유와 물보다 많이 팔린다는 사실이 기억났다. 테넌트는 스코틀랜드 축구를 뛰게 한 브랜드이며 거리 구석구석을 밝히는 브랜드라는 사실이 떠올랐다. 그리고 나는 생각했다. '테넌트는 단순한 맥주가 아니야. 전국에 동력을 공급하는 공익사업에 가까워. 정부 기관이나 국가 서비스처럼 포지셔닝해야 해.' 이 기획안은 큰 아이디어로 이어졌다.

"봉사를 위해 여기에."

우리는 이 슬로건에서 풍기는 우쭐해하는 분위기가 마음에 들었다. 가브도 마찬가지였다. 대형 항공사나 군대에서 쓸 법한 슬로건이지 라거 맥주와는 거리가 멀어 보였다.

이때부터 테넌트는 공공기관처럼 행동했다. 스코틀랜드와 잉글랜드의 축구 경기에서 환전소를 만들어 잉글랜드 팬이 잉글랜드 돈을 스코틀랜드 돈으로 바꿀 수 있게 했다(테넌트 1파인트는 스코틀랜드 돈으로 3.5파운드이고 잉글랜드 돈으로 7파운드이다). 핼러윈 때는 으스스하게 장식한 버스를 내보내 고객들을 이 술집 저 술집으로 날랐다. 심지어 마권 판매소 밖에는 '여기에서 무료 펜을 슬쩍할 수 있다.'라는 사실을 알리는 포스터를 붙여두었다.

케이크집이 은행처럼 ATM을 운영하고 맥주 업체가 정부 기관처럼 봉사를 내세우고 있다. 그런 것을 보면 영 관계가 없을 줄로만 알았던 분야도 영감의 원천이 될 수 있지 않겠는가?

아주아주 먼 곳에 한 행성이 있다고 가정해보자. 그 행성은 지구와는 전혀 다른 환경이며 많은 생명체가 살고 있다. 그곳에 존재할 법한 동물을 상상해보라. 그리고 실제 그려보라.

텍사스 A&M대학교의 연구를 기반으로 짐작하자면, 당신은 아마 우리 행성에 있는 동물과 그리 다르지 않은 생명체를 그렸을 것이다. 그들은 일련의 실험을 통해 대다수 응답자들의 그림에는 하나 이상의 감각기관(99%), 하나 이상의 팔다리(97%), 좌우대칭의 속성(91%)을 포함하고 있음을 발견했다. 그뿐만이 아니었다. 인터뷰 대상자들은 가장 쉽게 떠오르는 지구 동물을 그림 속 생물의 모델로 삼은 것 같았다. 그들은 영감의 1차적인 기반이 개와 고양이였다고 답했다.

이런 패턴은 새로운 행성에서 사용할 도구를 고안해달라는 요청을 받은 다른 응답자들에게서 똑같이 반복됐다. 연구자들이 외계인은 팔이나 다리가 없다고 강조했어도 사람들은 망치, 십자드라이버, 렌치, 톱을 변형한 도구를 내놓았다.

다른 그룹에게 외계의 과일을 그려달라고 부탁했을 때도 마찬가지였다. 가능한 창의적으로 생각할 것을 권장하고 지구의 과일로 제한하지 말라고 분명하게 요청했어도 오렌지, 사과, 바나나, 딸기라고 의심이 가는 모습들을 답으로 제출했다.

연구자들의 전문용어를 빌리자면, 이런 실험은 개념적 확장conceptual expansion에 관한 한 우리의 상상력이 고도로 구조적이며 회상 가능성retrievability이 중요한 역할을 한다는 것을 보여준다. 달리 표현해서 우리는 새로운 아이디어를 끌어낼 때 이전의 개념, 특히 바로 마음에 떠오르는 개념을 기반으로 할 수밖에 없다는 것이다.

후속 연구들은 이 현상이 공상과학소설 작가들이나 디자인 엔지니어들에게도 영향을 미친다는 것을 보여주었다. 그렇기 때문에 분명 마케터에게도 적용될 것이다. 이는 대부분의 신제품 아이디어가 파격적이기보다는 점진적인 이유와 광고 대행사의 크리에이티브 팀이 다른 유명한 아이디어가 떠오르는 작품을 개발하는 이유가 된다. 그런데 무엇보다 중요한 것은 이런 역학이 '조직 내 다양성'의 필요를 강조한다는 점이다.

뒤늦게나마 오늘날 기업들은 다양성, 평등, 포용을 최우선 과제로 여긴다. 물론 도덕적 논쟁이 없는 것은 아니다. 하지만 그런 논쟁 이상으로 우리가 점점 다양성 사회 속에 살고 있으며 기업이 다양화된 고객을 대변하지 못한다면 고객과의 유대를 형성할 수 없다는 주장이 훨씬 합리적이다.

하지만 텍사스 A&M대학교의 연구는 또 다른 긴급한 과제를 지적한다. 다양성은 창의성의 한계를 뛰어넘는 데 필요하다. 다양성은 우리가 끌어낼 수 있는 영향력과 지식의 범위를 넓히기 때문이다. 무엇보다도 다양성은 우리가 팔 없는 외계인을 위한 망치를 떠올리는 걸 그만두게 한다.

이는 미국 인구의 8분의 1에 불과한 이민자들이 미국인이 받은 노벨상의 4분의 1과 특허의 3분의 1을 받을 수 있었던 이유를 설명한다. 바이오엔테크BioNTech의 백신을 개발한 사람도 터키 출신의 독일인이었다. 이민자들이 더 열심히 일해서만은 아니다(여러 연구가 실제로 그들이 더 열심히 일한다는 것을 보여주지만). 그들에게는 더 풍부한 삶의 경험을 기반으로 한 더 새로운 아이디어가 있기 때문이다.

이런 현상은 다문화 배경을 가진 사람들이 창의적 문제해결에서 더 나은 성과를 거두는 이유이기도 하다. 또는 헨델에서부터 헤밍웨이, 피카소, 스트라빈스키에 이르기까지 많은 예술가가 다른 나라에서 최고의 걸작을 만든 이유다. 다시 말하지만 책임을 맡은 사람은 영향력이 훨씬 크다. 똑같은 개와 고양이로 돌아가서는 안 된다. 인간의 훨씬 더 큰 가능성에 열려 있어야 한다.

'신경적으로 다원화된neurodiverse' 사람들(예를 들어 자폐증, 난독증, 통합운동장애 등이 있는 사람들)도 비슷한 이점을 가진다. 연구는 그들의 두뇌가 다르게 연결되어 있기 때문에 수평적 사고를 더 잘할 수 있다는 것을 보여주었다.

마찬가지로 신체적 장애가 있는 사람들도 상상력이 풍부한 경우가 많다. 장애인을 차별하는 사회에 놓여 있는 모든 장애물을 극복하는 문제해결 기술을 연마해야 했기 때문이다.

대부분의 연구가 동성애자, 양성애자, 트랜스젠더, 성소수자**LG-BTQ+**가 다른 사람들보다 높은 창의력을 타고난 것은 아니라고 밝혀냈다. 하지만 그들이 무리와 다른 관점을 가지는 것만은 틀림이 없다.

공통된 주제는 더 다양한 삶의 경험을 가진 사람들에게 더 광범위한 참조할 점이 있다는 것이다. 재닛 윈터슨**Jeanette Winterson**이 쓴 레즈비언의 성장 스토리를 다룬 소설의 제목을 빌려오자면, 그들은 '오렌지만이 유일한 과일은 아니다**Oranges are not the only fruit.**'라는 것을 알고 있다.

어쨌든 이제 외계인의 이야기로 돌아가보자.

1974년 광고 대행사 BMP의 크리에이티브 팀은 새로운 광고를 위해 외계 생명체를 고안하고 있었다. A&M 연구소의 예상대로 그들은 자신들의 지상 경험에 의지했다. 그들이 만든 캐릭터들은 금속 골격을 갖긴 했지만 개구리나 개미와 닮아 있었다. 또한 인간의 특성을 많이 갖고 있었다. 가장 분명한 것은 밝은 미소와 전염성이 있는 웃음이었다. 그들은 손 대신 집게발 같은 도구가 달렸고 감자에 이상하게 집착했다.

이 외계인들은 기존의 기억 구조를 기반으로 사고하는 경향이 우리에게 있음을 보여주는 전형적인 예였다. 그럼에도 불구하고 새로운 시각의 힘을 드러낸 훌륭한 광고이기도 했다.

이 초지능적 존재인 화성인들은 스매시Smash(캐드버리Cadbury의 새로운 인스턴트 매시드포테이토 제품)를 홍보하기 위해 고안되었다. 이 모든 것은 BMP의 전설적인 크리에이티브 디렉터 존 웹스터John Webster가 술집에서 깨달은 통찰에서 출발한다. 그는 맥주를 앞에 두고 팀원들에게 이렇게 말했다. "다른 행성에서 온 어떤 존재가 포장에서 꺼내 바로 먹을 수 있는 매시드포테이토를 두고도 우리가 감자 껍질을 까서 삶고 으깨는 모습을 본다면 제정신이 아니라고 생각할 거야!"

그의 관찰은 영국에서 역대 가장 큰 인기를 얻은 광고에 영감이 되었다. 지구인들이 매시드포테이토를 만드는 방법을 비웃는 스매시 화성인들은 영국 사람들에게 큰 웃음을 선사했다. "그들은 가장 원시적인 종족임이 분명해!" 화성인들은 우주선 바닥을 뒹굴면서 낄낄거렸고 매출은 폭발적으로 올랐다. 이후 건강식 붐이 일면서 브랜드 매출이 다시 제자리를 찾기는 했지만 그 외계인들은 여전히 영국 대중문화에서 큰 사랑을 받고 있다.

이 모든 것이 시야를 넓히고 새로운 시각을 찾는 일의 중요성을 강조한다. 정말 좋은 소식은 그것을 위해 다른 행성을 찾아가거나 외계인에게 질문할 필요가 없다는 것이다. 우리의 틀에서만 벗어나면 된다. 더 나은 방법은 다른 사람이 그 틀을 깨뜨리게 하는 것이다.

**따분한 교훈**
내부자의 정보는 가장 중요한 통찰력의 형태다.

**행운이 전하는 조언**
기존의 틀을 깨고 나옴으로써 가능성을 높일 수 있다.

**행운을 부르는 질문**
다른 문화나 배경을 가진 사람들은 우리의 문제에 대해 어떻게 생각할까?

## 19.
## 행운의 당근

　내가 진행한 캠페인 중에 가장 효과가 없었던 것이 무엇인지 아
는가? 내 아이들에게 야채를 먹이는 캠페인이었다. 간간이 브로콜
리 조각을 먹인 것 외에는 형편없는 결과를 얻은 긴 싸움이었다. 하
지만 나는 내 아이 세 명을 상대했을 뿐이다. 온 나라의 아이들을
설득해야 한다고 생각해보라! 2018년 우리의 자매 회사인 'TBWA
벨기에'가 직면했던 문제다.

　기획안은 벨기에의 선두 슈퍼마켓인 델헤즈Delhaize를 위한 것이
었다. 이 브랜드는 품질에 대한 평판은 좋았지만 요즘 모든 소매업
체가 그렇듯이 대형 할인점이나 온라인 식료품점의 압력에 시달리
고 있었다. TBWA는 '사람들은 더 건강한 식사를 원하지만 그것은
매일의 투쟁'이라는 단순한 통찰을 제시하여 그 광고 계약을 따냈
다. 경쟁 업체들이 영양가는 없고 열량만 높은 값싼 식품을 팔아치

우는 반면 델헤즈는 가족들에게 도움이 될 수 있다는 아이디어였다.

이런 맥락에서 신선식품은 꼭 승리해야 하는 핵심 전투가 됐다. 과일과 채소 코너는 매장의 전반적인 품질을 증명하는 상징이었다. 또한 과일과 채소는 우리가 목표로 삼는 전형적인 카테고리 중 하나이기도 하다. 우리는 신선한 채소와 과일을 많이 먹기 위해 애쓴다. 이 부분에서 델헤즈가 도움을 주어서 사람들을 건강한 식생활로 이끈다면 그 성과는 다른 부분까지 확장될 수 있을 것이 분명했다.

문제는 까다로운 아이들이었다.

연구에 따르면 아이들이 채소를 꺼리는 것은 그들(평균적으로 벨기에 어린이들은 권장량의 30%만을 섭취했다)뿐 아니라 나머지 가족의 채소 섭취에도 부정적인 영향을 끼쳤다. 부모들이 귀찮은 언쟁을 참지 못하기 때문이다. 그 결과 전체 가족의 건강한 식생활을 위해 아이들에게 집중한 기획안이 마련됐다.

아이들에게 집중하는 기획안을 만든다는 것은 그 팀이 메시지 전달에 대해 달리 생각해야 한다는 의미였다. 전통적으로 이 부문의 커뮤니케이션은 채소의 영양학적 가치나 재료의 다양한 활용에 집중되어 있었다. 하지만 이것은 매우 분별력 있는 성인에게나 어울리는 주제였다. 이 새로운(채소에 대한 강한 저항으로 악명이 높은) 고객과 교감하기 위해서는 새로운 접근법이 필요했다. 그렇게 해서 이 광고 대행사는 '전문가'들을 참여시켰다. 바로 아이들이었다.

광고 대행사는 아이들에게 채소에 더 식욕이 돋는 이름을 지어달라고 요청했다. 자기 접시에 올리고 싶을 만큼 재미있고 흥미롭게 들리는 이름을 말이다.

이 광고 대행사의 최고전략책임자 버트 데니스Bert Denis는 내게 이렇게 말했다. "이후에 들으면 너무나 당연하고 간단한 아이디어죠. 하지만 이전에는 시도한 적이 없는 아이디어이기도 했어요. 그 이름들은 믿을 수 없을 정도로 창의적이었어요. 채소를 훨씬 쉽게 팔 수 있게 됐죠. 당근이 아니라 오렌지 우주 로켓이라면 누가 마다하겠어요?"

이 캠페인에서 특히 마음에 든 부분은 델헤즈가 이것을 광고에만 이용하지 않았다는 점이다. 이 소매업체는 가장 뛰어난 12가지 아이디어를 이용해 리브랜딩에 나섰고 새로운 이름을 포장, 매장의 판매 관리 시스템POS, 계산대의 영수증에도 적용했다.

토마토는 광대의 코clown noses, 느타리버섯은 요정의 나팔gnome trumpets, 오이는 트롤의 방망이troll bats로 리브랜딩되었다. 장바구니에 용의 이빨dragon teeth(치커리)과 보물 상자treasure boxes(피망)를 몇 개 담고 나면 왜 마법 채소Magic Veggies 코너의 매출이 151% 상승했는지 알 수 있다.

이 스토리는 아이들에게 귀를 기울였을 때 흥미로운 견해를 얻을 수 있다는 것을 보여준다. 그렇다. 아이들은 음식에 대해서는 보수적으로 반응한다. 하지만 아이디어를 낼 때는 그 정반대가 된다. 실제로 여러 연구에서 어린이가 성인보다 창의적임이 꾸준히 밝혀지고 있다.

우선 아이들은 통념이나 사회 규범에 얽매이지 않는다. 또한 아이들은 어른들이 따로따로 분리해 놓은 개념들을 뒤섞어 행운의 실수를 할 가능성이 크다. 마지막으로 아이들은 실현가능성에 대해서 염려하지 않는다. 그들에겐 부추가 마녀의 빗자루witch's broom일 수도 있다는 아이디어를 포함해서 어떤 것이나 가능하다.

이런 열린 마음 때문에 10대들은 수많은 발명품을 내놓을 수 있었다. 이 책에도 몇 가지가 등장하지만(트램펄린과 브라유Braille 점자) 그 외에도 오리발, 귀마개, 무전기, 스노모빌 등 많은 것들이 있다. 다음에 아이디어가 필요하거든 아이들에게 물어보는 것이 좋지 않을까? 어린이를 혹사시키는 것 같다면 당신이 직접 아이처럼 생각해볼 수도 있다. 아인슈타인은 이런 기법을 아주 좋아해서 이렇게 말했다.

"창의력을 자극하려면 놀이를 지향하는 어린이의 태도를 배워야 한다."

노스다코타주립대학교의 연구원들도 같은 생각이다. 그들은 한 실험에서 대학생 76명에게 그날 수업이 취소되면 무슨 일을 하겠냐는 질문을 했다. 흥미로운 부분은 그 절반에게는 7세인 것처럼 생각하라고 지시했다는 점이다. 이 학생들은 통제 그룹보다 훨씬 더 창의적인 반응을 한 것으로 나타났다.

반대쪽 극단으로 가서 나이 든 사람들을 참여시킬 수도 있다. 광고 대행사와 마케팅 부서는 노인을 차별하는 것으로 악명이 높다. 그들이 가진 편견 중 하나는 '노인(이라고 쓰고 50세 이상이라고 읽는다)'이 젊은이들보다 추진력이 부족하다는 것이다. 하지만 여기에

이의를 제기하는 많은 증거가 있다.

일례로 토론토대학교의 한 연구는 노인들이 실제로 20대보다 집중력은 떨어지지만 주제에서 벗어나 떠돌고 폭넓은 정보원을 이용하려는 경향 덕분에 창의적인 문제해결에서 오히려 더 우월하다는 것을 발견했다.

이는 평균적인 성인의 연령대 너머에 시선을 둠으로써 행운의 확률을 높일 수 있다는 것을 다시 한번 상기시킨다. 새로운 생각이 필요하다면 그 분야에 통달한know one's onions 현자에게 질문을 해보라. 아니면 양파*를 픽시머리pixie head**라고 이야기하는 아이에게 물어보라.

---

### ∼◦ 럭키 시크릿 ◦∼

**따분한 교훈**
생산 가능 연령의 성인이 가장 분별력 있는 아이디어를 도출한다.

**행운이 전하는 조언**
그럴지도. 하지만 분별력만으로는 큰 성과를 낼 수 없다.

**행운을 부르는 질문**
평균보다 훨씬 나이가 많거나 적은 사람들은 우리 브랜드의 문제를 어떤 시각으로 볼까?

---

* 어떤 분야에 통달했다는 표현에서 양파라는 말을 받아
** 귀가 뾰족한 작은 도깨비 또는 요정

## 20.
## 행운의 백

「크레이지 피플Crazy People」은 썩 좋진 않은 영화다. 1990년 발표된 이 영화에서는 더들리 무어가 스트레스로 지친 카피라이터인 에모리 리슨 역을 맡았다. 에모리는 대중에게 거짓말을 퍼뜨리는 데 신물이 나 있었다. 그런 그가 정신에 이상이 생기면서 지나치게 솔직한 카피를 쓰기 시작한다. "처음 본 미인들의 수음을 좋아하는 남자들이여 재규어를 타라." "볼보를 사라. 모양은 촌스럽지만 좋은 차." 당연히 상사의 눈 밖에 나게 되고 결국 정신 병원에 수용된다.

그가 병원에 있는 동안 이상한 일이 일어난다. 리슨의 광고가 실수로 방영되고 큰 성공을 거둔 것이다. 이 때문에 악랄한 상사가 그를(그리고 다른 환자들을) 다시 고용해 더 많은 광고를 만들게 한다. 이 광고들 역시 성공한다(호주산 천연 변비약 "메타무실Metamucil. 당신이 화장실을 가는 데 도움이 됩니다."). 결국 리슨은 새로운 친구들과 광고 대행사를 차리기 위해 도망친다.

내가 말했듯이 이건 그리 좋은 영화가 아니다. 정신 건강에 대한 묘사는 진부하고 쓸모없는 고정 관념이 여럿 등장한다. 하지만 때론 아마추어가 전문가보다 나을 수 있다는 기본 전제는 흥미롭다.

그렇다고 해서 전문 마케터가 손을 놓고 대중들에게서 브랜드 커뮤니케이션 전략을 '크라우드소싱crowdsourcing'으로 해야 한다는 말이 아니다(이따금 떠오르는 철없는 생각일 뿐). 이런 방식은 크리에이티브 팀원들이 그저 즉흥적으로 아이디어를 끌어내는 것이 아니란 현실을 무시한다.

적절한 작품은 고사하고 적절한 기획안을 만드는 데만 해도 상당히 전문적인 기술이 필요하다. 모든 형태의 세렌디피티가 그렇듯이 전문가와 '준비된' 마음가짐이 있어야 모호한 생각을 알아보고 그것이 좋은지 아닌지 파악할 수 있다.

프로젝트의 초기 단계에서는 전문성과는 거리가 먼 순진한 관점이 유용할 수 있다. 기술적인 세부 사항에 대해서 알지 못하는(혹은 신경 쓰지 않는) 사람의 견해, 카테고리의 구분조차 모르는 사람의 견해, 조금은 바보 같은 소리를 하는 사람의 견해는 당신이 그중에서 선택하고 기발하고 재치 있는 아이디어로 변신시키면 된다.

기발하고 재치 있는 아이디어라는 이야기가 나와서 말인데, 얼마 전 우리는 테일러스 오브 해로게이트Taylors of Harrogate의 훌륭한 신제품 작업을 하고 있었다. 테일러스 오브 해로게이트는 요크셔 티(앞서 언급했던)의 제조사였다. 하지만 이 기획안은 테일러스 커피

**Taylors Coffee**에 대한, 구체적으로는 새로운 커피백의 출시에 관한 것이었다.

솔직히 커피백은 수십 년 전부터 존재했다. 하지만 티백보다 만들기가 훨씬 힘들었다. 찻잎이 아니라 커피콩을 곱게 간 가루를 담아야 하기 때문이다. 향이 충분히 우러날 만큼 투과성이 좋으면서 가루가 나오지 않을 만큼 촘촘한 백을 만들어야 한다는 의미다. 결과적으로 커피백에 대해 알려진 것은 거의 없었고, 아는 사람들은 맛에 대해 불평을 하곤 했다.

테일러스는 과거에는 커피백을 만들지 않았고 좋은 향을 전달할 수 있는 방식(커피콩, 분쇄한 콩과 캡슐)에만 집중했다. 그런데 캡슐이 환경친화적이지 못하다는 것을 알게 되었고 마침 제품 개발자들이 카페 수준의 고급 커피머신으로 추출한 듯한 맛을 전달할 수 있는 커피백의 혁신을 이루었다.

따라서 그들은 네스프레소**Nespresso** 세상에서 벗어나 이 새로운 (그들에게 새로운) 방식의 선두에 선다는 전략적 결정을 내렸다. 짐작이 가겠지만 새로운 방식으로 선두 주자가 된다는 것은 쉽지 않은 일이었다.

회사로 돌아온 우리는 이번 출시가 얼마나 중요한지 강조하는 데 주의를 기울였다. 또한 이 커피백의 기술적 우수성과 이전의 어떤 것보다 나은 품질을 강조했다. 그리고 '법석을 떨지 않아도 진짜 커피'를 얻을 수 있다는 최종적인 혜택을 강조했다. 우리는 커피를 마시는 방법에 혁명을 일으킬 수 있는 잠재력에 관해 이야기했다.

그랬음에도 크리에이티브 팀이 별로 놀라지 않는 것이 다소 당혹스러웠다. "그냥 커피가 든 티백 아닌가요?" 조지와 리지가 물었다. "그게 뭐 그리 기발한 거죠?"

우리는 그것이 기술적으로 얼마나 어려운 위업인지 다시 한번 설명했다. 몇 주가 지나자 그들도 그 중요성을 이해한 것처럼 보였다. 크리에이티브 팀은 아주 강력한 아이디어들을 가지고 돌아왔다. 하나는 그 혁신을 마술에 비교한 것이었다. 또 하나는 인스턴트커피를 과거의 유물로 만들겠다고 단언하는 것이었다. 또 다른 아이디어는 새롭게 발견한 능력으로 원하는 곳 어디에서나 커피를 즐길 수 있다고 선언하는 것이었다.

우리는 그들이 우리의 피드백을 들어줬다는 점이 기뻤다. 그들이 마지막 아이디어를 슬며시 내밀기 전까지는 말이다. "우리는 이걸 계속 언급하고 싶지 않아요." 조지가 말했다. "대신 커피백을 만들기까지 왜 그렇게 오래 걸렸는지 이해하기 위해 애쓰고 있어요."

리지도 동의했다. "우리는 그 부분에 아이디어가 있다고 생각해요." 그녀가 말했다. "제 말은 사람이 우주로 날아가는 시대에 커피를 백에 집어넣는 일이 그렇게 어렵다는 게 우습게 느껴진다는 거예요. 그게 얼마나 어처구니없는 일인지 인정해야 하지 않을까요?"

우리는 그것이 공정한 비교가 아닌 이유와 그 커피백이 수년에 걸친 노력의 결과라는 것을 다시 한 번 설명해야 했다. "그러니까요. 저희가 말하려는 것도 그거예요." 그들이 답했다. "테일러스는 100년의 역사를 가지고 있는데 지금에야 그 방법을 찾았어요. 한

편에서는 원자를 쪼개고, 인간 게놈의 염기 서열을 분석하고, 힉스 입자를 발견하는데 말이에요!"

뭐, 설득당한 건 우리였다.

솔직히 우리는 그들이 옳을 수 있겠다고 생각하게 됐다. 그런 혁신 기술을 개발하는 데 그토록 오랜 시간이 필요했던 테일러스 팀도 마찬가지였다. 우리는 훌륭한 업적을 이루었다는 것을 알았지만 '일반인'들은 그렇지 않을 수 있었다.

우리는 잘못을 깨달은 한편 더욱 대담해져 새로운 아이디어를 냈다.

"왜 진작 생각하지 못했을까?"

아마도 마케팅 역사상 가장 출시 슬로건답지 않은 출시 슬로건이었을 것이다. 하지만 참신하게 느껴질 정도로 솔직한 슬로건이기도 했다. 또한 역사상 가장 웃긴 광고 영상으로 이어졌다. 이것은 에모리 리슨의 광고 회사에서 만들 법한, 상대방을 무장 해제하는 솔직한 아이디어였다. 영화에서와 같이 커피백은 날개 돋친 듯 팔려나갔다(너무 많이 팔린 나머지 캠페인을 중단해야 할 정도였다).

이 기획안은 프로젝트에 너무 가까이 접근하는 것은 위험하다는 점을 일깨운다. 어느 직업에서나 전문성은 분명히 중요하다. 하지만 어떤 한계가 존재한다.

어떤 계획에 삶을 송두리째 쏟으면(혹은 주말만 온통 할애해도) 그것이 세상에서 가장 중요한 일처럼 느껴진다. 하지만 보통은 그렇지 않다. 때로는 한 걸음 물러나서 그것에 관해 당신보다 덜 아는 누군가와 커피를 한잔하는 것이 유익하다.

---

~~~ 럭키 시크릿 ~~~

**따분한 교훈**
항상 가장 잘 아는 것은 전문가들이다.

**행운이 전하는 조언**
그렇긴 해도, 당신의 마케팅 대상은 대개 전문가들이 아니다.

**행운을 부르는 질문**
정보가 없는 아마추어라면 우리의 문제에 대해 뭐라고 이야기할까?

2부 숨겨져 있는 행운을 찾아야 한다  **131**

3부

# 얼마든지 불운을
# 행운으로 바꿀 수
# 있다

1부와 2부는 당신 바로 앞에 있는, 혹은 당신 주변의 세상에 숨어 있는 브랜드의 기회를 찾는 방법을 다루었다. 3부는 그 이면에 관한 내용을 다룬다. 당신에게 불리한 상황에서는 어떻게 해야 할까?

보통은 사고방식을 바꾸게 된다. 최고의 마케터들은 '행운'에 안주하지 않듯이 '불운'에도 낙담하지 않는다. 어쨌든 중국의 고사성어 새옹지마塞翁之馬가 일깨우듯이 행운과 불운은 구분하기 어려울 때가 많다.

새옹지마의 이야기는 이렇다. 변방에 사는 한 노인이 기르던 잘생긴 흰 종마가 어느 날 도망친다. 이웃들은 그의 불운을 위로했다. "이런 불운이 있나!" 그들이 말했다. 그런데 노인은 이렇게 답할 뿐이었다. "누가 알겠나? 운이 나쁜 것일 수도, 좋은 것일 수도 있지."

공교롭게도 그 종마가 다음 날 12마리의 암말을 이끌고 돌아왔다. 이번에 마을 사람들은 노인에게 와서 행운을 축하했다.

그는 이렇게 답할 뿐이었다. "누가 알겠나? 운이 나쁜 것일 수도, 좋은 것일 수도 있지."

아니나 다를까! 다음 날 노인의 아들이 말을 길들이려다가 낙마했다. 아들은 다리가 부러졌고 마을 사람들은 그 아버지를 동정했다.

하지만 노인은 또 이렇게 답했다. "누가 알겠나? 운이 나쁜 것일 수도, 좋은 것일 수도 있지."

때마침 황제의 군사들이 마을을 지나면서 모든 젊은이를 모아 전쟁터로 데려갔다. 하지만 노인의 아들은 다리가 부러졌기 때문에 남겨졌다. 또다시 사람들이 노인의 행운을 축하했다.

여느 때처럼 노인은 이렇게 답했다. "누가 알겠나? 운이 나쁜 것일 수도, 좋은 것일 수도 있지."

3부에서는 당신의 브랜드가 직면한 문제에 선禪적 태도를 취하는 방법에 관해 설명할 것이다. 우선 좌절을 이겨내고 금기를 깨뜨리고 억측에서 벗어나는 방법을 보여줄 것이다. 이후 결함과 한계를 이점과 기회로 바꾸는 방법은 물론이고, 위기를 헤쳐나가고 귀찮고 작은 문제들에 대응하는 방법에 관해서도 이야기할 것이다. 마지막으로 지루함, 증오, 안주 같은 공통의 적에 대항하는 방법을 논의할 것이다.

이런 문제들을 가볍게 보는 것도, 불운을 마법 지팡이로 간단히 떨쳐낼 수 있다는 식으로 세상을 순진하게 보는 소리를 하려는 것도 아니다. 브랜드가 곤경에 빠진다면 당신과 조직은 모두 극도로

스트레스를 받게 된다. 더구나 이런 상황을 반전시키려면 엄청난 노력과 기업의 헌신이 필요하다.

여기에서 제시하는 사례들이 가장 괴로운 상황에서조차 반전이 가능하다는 점을 보여줄 수 있길 바란다.

이 점을 강조하기 위해, 세상에서 가장 유명한 기업가 중 한 사람이 어떤 타격을 입었고 또 누가 봐도 알 수 있는 좌절이 어떻게 구원으로 뒤바뀌었는지에 관한 이야기에서 시작하려고 한다.

## 21.
## 행운의 토끼

월트 디즈니는 일진이 좋지 않았다. 1928년 3월 13일 그는 뉴욕에서 로스앤젤레스로 돌아오는 기차에 몸을 실었다. 뉴욕에 있는 동안 사업과 관련된 일련의 회의에서 처참하게도 자신의 가장 귀중한 자산에 대한 지배권을 잃고 말았다.

디즈니의 전기 작가 닐 게이블러**Neal Gabler**는 후에 그 상황을 가리켜 '수많은 위기를 이겨냈던 영원한 낙관론자 월트 디즈니'가 객차에 앉아 있을 때 '처음부터 모두 다시 시작해야 한다는 무서운 생각이 들었다.'고 적었다.

아이러니한 것은 그의 모든 걱정이 '행운의 토끼 오즈월드**Oswald the Lucky Rabbit**'라고 불린 만화 주인공에서 비롯되었다는 점이다. 디즈니는 1년 전 그의 오랜 협력자 어브 이웍스**Ub Iwerks**와 함께 오즈월드를 창조했다. 두 사람은 자신들의 스튜디오가 파산한 뒤 유니버

설Universal에서 일하고 있었다. 당시에는 고양이 캐릭터들이 대유행이었다. 제작자 찰스 민츠Charles Mintz는 그들에게 이런 고양이들과 차별화되는 캐릭터를 개발하라고 닦달했다.

디즈니와 이웍스는 이런 업무 지시를 충실히 지켰음은 물론이고 오즈월드에 독특한 성격을 불어 넣어 제작자의 주문을 뛰어넘는 캐릭터를 완성했다. 당시로서는 혁명적으로 여겨지는 일이었다. 이전의 만화 캐릭터들은 줄거리를 충실히 따르는 2차원적 존재였지만 월트는 오즈월드가 더 다차원적인 정체성을 갖기를 원했다. 이렇게 '발랄하고 민첩하고 짓궂으면서 모험을 좋아하는' 행운의 토끼가 태어났다.

또한 디즈니는 이전까지 실사 영화의 전유물이었던 세련된 유머, 카메라 앵글, 편집 기술을 도입해 애니메이션의 한계를 넓혔다.

행운의 토끼 오즈월드는 디즈니의 첫 번째 성공작이었다. 청중들은 그의 데뷔작인 「전차 사건Trolley Troubles」을 무척이나 좋아했고 월트는 더 많은 작품을 만들 수 있길 고대했다. 유니버설은 26편의 영화를 의뢰했고 1편당 500달러에 주급 100달러를 지급했다. 그가 유정油井에 투자하기에 충분한 금액이었다. 하지만 민츠는 뒤로 디즈니와 이웍스를 영화에서 배제할 방안을 생각하고 있었다. 이를 눈치 챈 월트는 뉴욕으로 가 협상을 시도했지만 이 교활한 제작자에게 허점을 찔렸다는 것을 알게 됐다.

기차에 탄 디즈니는 허탈했다. 하지만 그는 불운에 잠식되는 대신 여행하는 동안 대체할 캐릭터를 생각해내려 애썼다. 로스앤젤레스에 도착했을 즈음 그는 역사상 가장 큰 성공을 거둔 만화 캐릭터인 미키마우스의 토대를 마련한 상태였다.

이후 월트는 이렇게 회상했다. "그 순간에는 깨닫지 못할 수 있지만 큰 실망이 세상에서 가장 좋은 일이 될 수도 있습니다." 이 경우보다 확실한 증거가 있을까? 디즈니 제국 전체가 이 분명한 불운을 기반으로 세워졌기 때문이다.

또한 이 토끼는 엄청난 반전의 주인공이 됐다. 80년 후 월트 디즈니 컴퍼니는 오즈월드에 대한 권리를 다시 사들였다. 그 이후 이 토끼는 자신이 주인공인 영화, 굿즈, 비디오 게임들을 통해 새 삶을 찾았다. 간단히 말해 이 영화는 해피엔딩이었다. 하지만 얼마나 많은 사람이 그런 지독한 실의에서 되살아나는 회복력을 가질 수 있을까?

마케팅은 그런 좌절들로 가득하고 아이디어는 리서치 피드백, 예산 삭감, 사내 정치 등에 의해 끊임없이 위기를 맞는다. 우리는 내손 안에 행운의 토끼가 있고 그것을 빼앗기는 일은 생각도 할 수 없다고 느끼곤 할 때가 많다. 하지만 잃어버린 오즈월드에 연연하는 대신 모든 에너지를 새로운 미키를 만드는 데 쏟아야 한다.

오늘날 정말 훌륭한 마케터들은 이런 종류의 혼란을 예측하고 심지어 촉발하는 데에도 탁월하다. 내가 일을 처음 시작했을 때만 해도 마케팅 매뉴얼에서 가장 기본적인 실수로 꼽는 것이 자기 잠식이었다. 따로 설명할 필요가 없는 자명한 일처럼 보였다. 왜 자사의 매출을 감소시키는 제품을 도입하려 한단 말인가? 하지만 변화의 속도가 너무나 빠른 현대에는 자신의 최고 아이디어를 스스로 죽여야 한다. 시장이 그렇게 하기 전에 말이다.

스티브 잡스는 이런 방식의 대가였다. 그는 '내 손으로 자기 잠식에 나서지 않는다면 다른 사람에게 당할 수밖에 없다.'라는 생각을 염두에 두고 계속해서 새로운 제품을 내놨다. 아이팟, 아이폰, 아이패드 등 각각의 제품은 이전 모델을 위협하거나 단종시켜 버렸다.

물론 쉽게 성공할 수 있는 기법은 아니다. 대부분 기업에는 조직 내에서 거의 토템totem*적 지위를 누리는 제품이 있다. 이 제품의 매출이 전체 매출에서 차지하는 비중이 압도적이기 때문이다. 이렇게 성공적인 제품을 갖고 있을 때는 거기에서 최대한 돈을 뽑아내고 싶은 유혹이 드는 것은 당연하다. 개발하는 데 오랜 시간이 소요된 제품은 그 종말을 생각하는 것만으로도 고통스러울 것이다. 그러나 다음에 일어날 일을 예상해두어야 한다. 경쟁자들도 그렇게 할 것이기 때문이다.

이는 항상 아이디어가 넘쳐나고 더 나은 새로운 아이디어가 나타나는 문화를 만들어가는 것을 의미한다. 안주할 여지가 없고 다시 시작하는 데 망설임이 없는 문화, 실망감에 젖어 뉴욕에서 LA로 향하는 열차에 올랐을 때 무엇을 해야 하는지 아는 문화를 만들어가라는 말이다.

미국 소설가 존 스타인벡이 말했듯이 "아이디어는 토끼와 같다. 아이디어 몇 개를 얻어서 어떻게 다루는지 파악하고 나면 곧 10여

---

* 특히 아메리카 원주민 사회에서 신성시되는 상징물이다.

개의 아이디어가 생긴다." 모자에서 낡은 아이디어가 깡총 뛰쳐나
갈 때마다 항상 새로운 것을 끄집어낼 수 있도록 준비하라.

---

### ⋘ 럭키 시크릿 ⋙

**따분한 교훈**
뛰어난 아이디어를 잃는 것은 고통스러운 일이다.

**행운이 전하는 조언**
당신은 더 나은 것을 생각해낼 수 있다.

**행운을 부르는 질문**
다시 시작해야만 하는 상황이라면 어떻게 해야 할까?

---

## 22.
## 행운의 관

금기를 뜻하는 '터부taboo'라는 단어는 1777년 제임스 쿡James Cook 선장을 통해 영어에 흘러들어 왔다. 그는 통가에서 이 단어를 만났지만 피지, 하와이, 마오리의 언어에서도 비슷한 단어들이 발견됐다. 이는 이 단어가 폴리네시아 조어에 뿌리를 두고 있음을 시사한다.

쿡은 현지인들이 특정 음식의 적절성에 관해 강한 믿음을 가지고 있다고 묘사했다(자신도 마찬가지라는 사실을 감지하지 못한 채). "아무도 앉아서 음식을 맛보려 하지 않았다……. 내가 놀라움을 표현하자 그들이 말하길 그 모든 것이 터부였다. 그 단어는 매우 포괄적인 의미가 있는데 일반적으로 '금지된 것'을 의미한다."

그때부터 금기는 사회적으로 수용되지 않는, 심지어는 입에 올려서도 안 되는 것으로 간주하는 주제나 행동을 나타내게 되었다. 특정 카테고리에 있는 마케터들은 이런 금기 때문에 매우 곤란한 상황에 부닥친다.

예를 들어 월경을 더럽다고 여기는 문화에서 생리대를 어떻게 홍보해야 할까? 배변이 존재하지도 않는 것처럼 행동하는 세상에서 화장지나 청정제를 어떻게 홍보해야 할까? 또 남자의 정력을 숭상하는 사회에서 발기부전치료제를 어떻게 홍보해야 할까?

다행히 이런 억제를 완화하는 방향으로 대세가 바뀌고 있다. 마케터들은 이런 금기들이 전적으로 삶의 평범한 측면이라는 점을 사람들에게 교육하고 그에 관한 언급을 더 자연스럽게 받아들이게끔 하는 일의 선봉에 서게 되는 때가 많다. 그렇다면 가장 강력한 금기인 죽음은 어떨까?

우리 자매 회사인 독일의 하이마트 베를린Heimat Berlin은 최근 바로 이런 문제에 직면했다. 하이마트는 독일기능중앙협회ZDH의 캠페인을 맡고 있었다. 이 조직은 전기기술자부터 금속공에 이르기까지 다양한 사업 조직을 대표한다. 독일은 뛰어난 장인정신의 역사를 자랑한다. 이 기획은 그런 기술들이 오늘날의 세상과도 여전히 관련되어 있다는 것을 보여주어야 했다.

이에 대행사는 흥미로운 상공업자들이 출연하는 일련의 짧은 영상을 만들었다. 현대적인 반전이 있는 스토리들이었다. 예를 들어 여성 목수가 전 세계를 다니며 다른 문화로부터 다양한 기법을 배우거나 미용 전문가가 여성과 미의 관계를 바꾸고 싶다는 꿈에 관해 이야기하는 식이었다.

꽤 융통성 있는 방책처럼 보였다. 독일장의사협회에 관한 영상 제작 의뢰가 들어오기 전까지는 그랬다. 이보다 앞이 깜깜한 기획이 있을까?

하이마트의 최고크리에이티브책임자cco인 마티아스 슈토라트 **Matthias Storath**가 내게 말했다. "장의사의 역할은 엄청 중요하죠. 하지만 솔직히 그건 너무 어려운 과제였어요. 죽음에 대해 말하는 걸 누가 좋아하겠어요? 매일 죽음과 관련된 일을 하는 것은 말할 것도 없죠. 우리 아이디어가 거기까지 확장될 수 있을지 확신이 없었어요. 하지만 이미 대표와 계약을 마친 상황이었으니 어떻게든 해보는 수밖에 없었죠. 그리고 결국 이 불운은 행운으로 이어졌어요. 실은 운이 아주 좋은 우연의 연속이었죠."

이 예상치 못한 의뢰는 우선 광고 크리에이티브 팀이 곤란한 주제를 다루어야 한다는 것을 의미했다. 광고주(장의사들을 포함한)들이 꺼리는 경향이 있는 종류의 주제였다. 하이마트는 이미 상공업자들이 출연하여 자신들의 기술에 관해 솔직하게 이야기하는 구조로 작품을 제작해 발표했기 때문에 갑자기 궤도를 변경할 수가 없었다. 이런 맥락에서 볼 때 하이마트는 금기는 문제가 아니라는 점을 깨달았다. 오히려 금기를 다룸으로써 새롭고 흥미로운 스토리가 탄생할 수 있었다.

다음으로 팀은 선구적인 인물을 찾아냈다. 전형에서 벗어난 장의사였다. 베를린의 에릭 브레데**Eric Wrede**는 죽음과 우리의 관계를 바꾸고 더 긍정적으로 만드는 일에 사명감이 있었다. 그는 직접 팟캐

스트를 개설해 죽음이라는 주제를 놀라울 정도로 솔직하게 다루었다. 브레데의 발견으로 인해 장례 광고가 전체 광고 캠페인 중 가장 강력해질 것임은 틀림없었다.

그런데 이 운 좋은 광고는 하나의 디테일에서 비롯되었다. 영상 연출자는 브레데의 삶과 죽음에 대한 긍정적 접근법을 극적으로 드러내는 방편으로 관을 밝은 색상으로 칠하는 계획을 세웠다. 좋은 소품이었다. 하지만 마티아스와 그의 팀이 가장 감동했던 부분은 그 상징성이었다. 그 자체로 하나의 아이디어나 미니 캠페인이 되는 더 큰 상징성을 가질 수 있지 않을까 생각했다.

결과적으로 그것은 하나의 사회 현상으로 발전했다.

하이마트 팀은 다섯 명의 화가에게 다섯 명의 인플루언서를 위한 맞춤형 관을 칠하도록 했다. 그들은 화려한 색상과 요란한 서체, 만화, 구호를 사용했다. 화가들은 이 특별한 오브제를 만드는 동안 죽음이라는 주제에 관해 이야기를 나눴다.

그들은 서로 어린 시절에 관해 이야기를 나눴고 언젠가는 죽는다는 유한성을 처음으로 인식한 순간을 회상했다. 부모에 대해서도 이야기했다. 그들은 자신의 두려움과 대면했고 자신의 장례식에 대해서도 열변을 토했다.

나는 그들이 그 대화와 관을 정말 어울리지 않는 플랫폼인 인스타그램에 발표했다는 점이 특히 마음에 들었다. 화가 주 슈네**Ju Schnee**가 말한 대로 그 메시지는 '패션, 화장, 아보카도 토스트로 가득한 화려한 세상에서' 더 큰 힘을 발휘했다.

팔로워들은 죽음에 대한 자신의 생각을 공유해달라는 요청을 받았고 #mycoffin(나의 관)이라는 해시태그가 #mysneakers(나의 운동화), #mytravel(나의 여행), #mybreakfast(나의 아침식사)와 함께 피드에 자리를 잡았다. 마지막으로 이베이에서는 유명인의 석관이 공익을 위해 경매에 부쳐졌다.

이 뜻밖의 캠페인은 소셜 미디어에서 1억 회의 노출 수를 기록했다. 독일의 『빌트Bild』지는 이 캠페인을 그해의 가장 뜻밖의 헤드라인으로 꼽으며 '이 관들은 상상 초월이다.'라는 논평을 냈다. 나 개인으로서는 목숨과도 바꿀 수 있을 정도다. 어쨌든 요점은 어둡고 두려운 주제를 밝고 즐거운 대화로 바꾸었다는 것이다.

장의사가 죽음을 멋진 것으로 바꿀 수 있다면, 당신은 어떤 금기를 문제 삼을 수 있겠는가?

---

### ∽·∘ 럭키 시크릿 ∘·∾

**따분한 교훈**
금기는 저주이며 직접 언급하기보다는 '그것' 같은 말로 대신해야 한다.

**행운이 전하는 조언**
'입에 담을 수 없는 것'은 입에 담는 편이 더 나을 때가 많다.

**행운을 부르는 질문**
어떻게 하면 금기를 화두로 바꿀 수 있을까?

---

## 23.
## 행운의 탈출

영국 경제학자 존 메이너드 케인스는 경제학에 혁명을 일으켰지만 자신의 창의력은 폄하했다. 그는 말했다. "어려움은 새로운 아이디어를 개발하는 것이 아니라 오랜 아이디어에서 탈출하는 데 있다."

많은 마케터가 이 말에 동의할 것이다. 우리 일은 레오나르도 다빈치보다는 탈출 묘기로 유명한 헝가리 마술사 후디니에 가깝다는 느낌이 종종 든다. 백지 위에 아이디어를 스케치하는 것이라기보다는 지적인 구속에서 빠져나오는 일에 가깝다. 때로는 전임자들이 묶어 놓은 밧줄에, 또 때로는 본인이 자초한 밧줄에 얽매여 있는 것이다. 어느 쪽이든 지나치게 축적된 지혜가 도움이 되기보다 오히려 방해가 되는 시점이 온다.

2009년 영국 보건부의 금연 광고를 맡았을 때 바로 그런 느낌을 받았다. 해당 광고는 50년 전부터 시작된 일련의 정부 계획 중 가장 최근의 것이었다. 사실 1600년대 제임스 1세가 남긴 경고의 맥을 잇고 있다고도 말할 수 있었다. 직설적인 그는 흡연을 가리켜 "눈에는 혐오스럽고, 코에는 메스껍고, 두뇌에는 해로우며, 폐에는 위험하고, 무저갱에서 나오는 소름 끼치는 연기와 가장 닮은, 악취가 나는 검은 연기를 내뿜는 습관"이라고 말했다.

그 이래 계속된 연구들은 이 습관이 건강에 끔찍하게 위험하다는 것을 산더미 같은 데이터로 밝혀냈다. 연구가 어찌나 많은지 보건부 전문가들은 "발표된 통계의 90%는 흡연에 관한 것"이라는 농담을 하곤 했다.

이 모든 충격적인 증거의 결과는 말 그대로 죽여주는 전략이었다. 편차가 더러 있기는 했지만 보건 전문인들은 긴 세월 동안 금연광고가 사람들에게 치명적인 흡연의 효과를 상기시키는 역할을 해야 한다는 것을 기정사실로 받아들였다. 그러자 전략적 과제는 폐암, 심장병, 폐기종, 만성폐쇄성폐질환, 폐렴 등에서 어떤 질병에 초점을 맞출 것인지 결정하는 것이었고 크리에이티브 팀은 광고를 더 생생하게 만들기 위해 점점 더 충격적인 방법을 찾아야 했다.

논리는 분명하다. '죽음의 위협'보다 동기부여가 강력한 메시지는 없기 때문에 이것을 철저히 강조하는 것도 이해는 된다. 다만 이런 아이디어들에 대한 시장조사를 시작했을 때 그 효과는 연기처럼 사라지고 찾아볼 수 없었다.

크리에이티브 작업이 좋지 못했다는 이야기가 아니다. 잰걸음으로 하수관을 내려가는 쥐들이 등장하는(발암물질이 몸에 퍼지는 것을 상징하는) 강력한 방법, 당신 집에 도사리고 있는 '숨은 살인마'에 대한 대단히 충격적인 아이디어, 죽어가는 병상에서 흡연자들이 보내는 가슴 아픈 호소 등이 있었던 것으로 기억한다. 그런 모든 기획이 기획안에 있었고 섬뜩한 통계 자료들로 뒷받침됐다. 하지만 포커스 그룹에 공개한 결과 모두 처참한 실패로 돌아갔다. 심지어는 잠깐 담배를 피우고 와도 되겠느냐고 묻는 응답자들도 여럿 있었다.

돌이켜보면 놀라운 반응도 아니었다. 조사 결과를 보면 거의 모든 흡연자가 치명적일 수 있는 흡연의 효과에 대해 충분히 알고 있었고 대부분 질환에 대해서도 익히 알고 있었다. 다른 무엇보다 담뱃갑에 인쇄된 경고성 사진으로 인해 흡연자들은 이런 섬뜩한 상기를 1년에 4,000번 이상(하루 평균 12대의 담배를 피운다고 전제했을 때) 경험했다. 하지만 흡연자들은 여전히 중독되어 있었고 그래서 (겁을 먹고 담배를 끊었던 이전 세대와 달리) 남은 흡연자들은 그런 메시지에 전혀 영향을 받지 않았다.

실제로 이런 접근법은 흡연자들의 견해를 오히려 강화하는 것 같았다. 많은 응답자가 이것이 개인적인 자유의 문제라고 불평했다. 자신의 몸에 해를 끼치든 스스로를 죽음으로 몰아넣든 다른 사람에게 피해만 주지 않으면 된다는 것이다. 피해에 타격을 받기까지 긴 시간이 걸릴 것이고 원한다면 금연할 시간이 있을 것이라고 주장하는 사람들도 있었다. 통계에 관해 말하자면, 흡연을 하면서 90세 생일을 맞은 친척 이야기라든가, 더 없이 건강했지만 조깅을 하다가

급사한 친구 이야기 앞에서는 어떤 수치도 무색할 따름이다.

후디니의 비유로 다시 돌아가자면 우리는 창작의 구속복에 갇혀 있는데 시간은 계속 흐르고 있었다. 응답자 한 명이 '만약 열 살 난 딸이 이런 말을 한다면 혼을 낼 것'이라고 언급했을 때야 비로소 탈출로가 나타났다. 자녀 이야기에 저마다 말을 보탰고 나는 이것이 열띤 토론으로 이어지도록 적극적으로 장려했다(더 이상은 그들에게 던져줄 주제가 없던 참이었다).

처음으로 대화가 활기를 띠었다. 병이나 슬픔에 대한 것이 아니었다. 거의 모든 응답자에게 아이가 있었다. 또 그들 대부분은 아이들이 자신의 습관에 대해 걱정을 많이 한다는 것도 알았다. 그들은 담뱃갑 속에 남긴 메모('아빠, 제발 담배는 끊으세요.')를 보고 잠자리에서 눈물을 흘렸다고 이야기했다. 수십 년이 지나도 나타나지 않을 수 있는 신체 증상과 달리 이런 감정적 고통은 즉각적으로 일어난다. 부정할 수가 없다. 응답자들은 자신을 해칠 권리가 있다고 생각했지만 사랑하는 사람들을 속상하게 하기는 싫었다.

포커스 그룹들이 계속해서 같은 반응을 보이자 우리는 스스로 만든 제약에서 빠져나올 기회를 발견했다. 기운을 찾은 우리는 '자신에 대한 신체적 피해가 아니라 아이들에게 주는 정서적 피해'에 중점을 둔 새로운 기획안을 작성했다. 통계 같은 것은 없었다. 창의적인 비유도 필요치 않았다. 부모에게 담배를 끊으라고 진심으로 부탁하는 아이들 십여 명의 목소리를 녹음했을 뿐이다. 그리고 우리는 이 광고를 부모들이 선호하는 미디어 환경에 배치했다.

"아빠가『코로네이션 스트리트』를 보시는 걸 알아요. 그래서 이렇게 여기에서 금연을 부탁드리려고 해요." "엄마가『히트』를 읽는 거 알아. 난 엄마에게 담배를 끊으라고 부탁하고 싶어."

돌이켜보면 우리의 가장 중요한 클라이언트이자 새롭게 마케팅 책임자의 자리에 앉은 실라 미첼Sheila Mitchell이 보건 전문가가 아니었던 것이 큰 도움이 되었던 것 같다. 물론 그녀는 그 분야에 있는 뛰어난 전문가들의 지원을 받았다. 하지만 실라는 평생 민간 부문에서 일해왔기에 기존의 캠페인 방식에 얽매이지 않았다. 그녀가 원하는 것은 결과였고 결국 원하는 것을 얻었다.

이 캠페인은 이전의 어떤 금연 계획보다도 좋은 성과를 냈다. 구체적으로 첫 두 해에만 금연 시도를 한 사람이 300만 명 증가함으로써 영국국민보건서비스NHS는 1억 2,000만 파운드를 절약했고 투자자본수익률ROI은 54% 높아졌다.

케인스(혹은 흡연자)가 말했듯이 오랜 습관을 버리기는 어렵다. 우리는 통념에 사로잡혀 있었지만 이제 자유로워졌다.

**24.**
**행운의 봉쇄**

이 책을 쓰고 있는 지금은 코로나 팬데믹 와중으로 영국에는 봉
쇄령이 내려져 있다. 현재 지구상의 모든 조직이 하나같이 위기관
리 집중 훈련을 거치고 있다. 흥미로운 점은 다른 곳보다 이런 불운
에 훨씬 잘 대응하는 기업들이 있다는 것이다. 그들이 속한 부문 때
문만은 아니다.

그들로부터(그리고 이전의 재앙으로부터) 무엇을 배울 수 있을까?
첫째, 위기는 일반화가 어렵다. 불황은 보건의 위기와는 다르다. 천
재지변은 자초한 추문과 다르다. 환경 재앙은 제품 리콜과 다르다.
이런 경고를 유념하고 다음의 조언을 읽어주길 바란다.

또 하나 조심할 것은 제대로 된 위기관리는 나쁜 일이 일어나기
훨씬 전부터 시작된다는 점이다. 뛰어난 대처를 보이는 조직들은
이미 강력한 리더십, 명확한 목표, 원활한 소통 체계, 민첩한 작업

방식을 갖추고 있는 경우가 많다.

하지만 아마도 가장 중요한 점은 위기에서 실패하는 가장 확실한 방법이 위기로부터 이익을 추구하는 일일 것이다. 조직이 "쓸모 있는 위기를 쓰레기로 만들지 말라."라는 처칠의 조언(사실이 아닐 것 같은)에 따라 움직이는 것처럼 보일 때가 너무나 많다.

나는 이 말이 정말 마음에 들지 않는다. 인간의 고통 앞에서 신이 난 것처럼 보이는데다 그 고통을 착취에 이용하려는 느낌이 들기 때문이다. 위기에 대한 보다 적절한(그리고 효과적인) 격언은 '위기 앞에서 멈추지 말라'가 될 것이다.

구체적으로 말하면 조직들이 위기를 겪는 동안 보탬이 되도록 (그리고 장기적으로는 자사에도 이익이 되도록) 취할 수 있는 여섯 가지 조치가 있다고 생각한다. 명확화Clarify, 검토Review, 참여Involve, 기여Serve, 투자Invest, 강화Strengthen가 그것이다. 앞 글자만 따면 CRISIS(위기)다.

첫째, 유능한 브랜드는 명확히 한다. 모든 어려운 상황은 혼란이나 단순히 정보의 부재에 의해 악화된다. 이런 것들 때문에 소문이 퍼지고 두려움이나 분노가 자리할 수 있는 공백이 생긴다. 리더들은 모든 데이터를 파악하여 사실과 조직의 입장을 신속하게 정리해야 한다. 특히 기업의 잘못이 있는 경우라면 정보와 상황을 명확하게 공개하고 인정한다.

KFC는 2018년 공급망 차질의 여파 속에서 이런 일을 훌륭히 해냈다. 며칠간 영국 KFC 매장에 프라이드치킨이 부족해서 사람들이 격분했던 때가 있었다. 하지만 이 패스트푸드 회사는 사태를 인정하고, 고객과 가맹점에 사과하고, 취하고 있는 조치를 명확히 알리면서 소란을 재빨리 잠재웠다. 이 브랜드가 이 모든 일을 자사만의 스타일로* 해냈다는 사실은 그들이 서사를 통제할 수 있다는 것을 보여준다.

둘째, 조직은 기존의 모든 운영 상황과 활동을 검토해야 한다. 당연히 안전 절차와 같은 것들이 우선해야 한다. 하지만 커뮤니케이션도 살펴야 한다. 때로는 오랫동안 계획한 캠페인이 더 이상 의미가 없을 수 있다(혹은 위기의 불씨가 될 수도 있다). 미국이 코로나19로 인해 항공 여행을 금지한다는 발표를 하고 바로 며칠 후 '비행하기에 딱 좋은 때'라는 자동 이메일을 보낸 스피릿항공의 전철을 밟고 싶은 사람이 있을까?

셋째, 성공하는 기업들은 직원들을 참여시킨다. 세계 1위의 회계법인·컨설팅펌 딜로이트의 2015년 보고서는 위기관리 관련 대부분의 연구가 직원들의 위기 지원 능력에 초점을 맞추고 있다고 지적하면서도 그보다 더 중요한 요소는 위기에 도움이 되고자 하는 자발적인 마음이라는 것을 발견했다. 특히 일선 노동자들은 회사가 자신들의 말에 귀기울이고 자존감을 높이고 활기를 불어넣어야만 조직의 회생을 도울 동기부여가 된다.

당연하게 들리겠지만 웨더스푼, 탑샵, 스포츠다이렉트는 봉쇄 기

---

* KFC는 광고 속의 회사명을 'FCK'로 바꾸어 고객들의 비난을 달게 받겠다는 마음을 표현했다. FCK는 FUCK이라는 욕설을 뜻한다.

간 중 직원 대우 때문에 큰 비난을 받았다. 그곳의 직원들이 사장을 위해서 더 애를 쓰고 싶을까?

넷째, 조직은 의미 있는 대의에 기여할 수 있는 방법을 자문해야 한다. 현재의 위기에서 우리는 많은 기업이 공장을 개편해서 손 세정제, 마스크, 진단 키트를 제작하는 것을 보았다. 여러 조직이 지급 일정을 늦추고 유료 제한을 풀고 수수료를 포기하기도 했다. 하지만 활기를 잃지 않는 일같이 간단한 것만으로도 기여가 가능하다.

예를 들어 우리는 요크셔 티가 터무니없이 주둥이가 긴 '사회적 거리 찻주전자'를 내놓아서 미소를 지었다. 부동산 웹사이트 주플라는 주택 시장이 침체된 시기에 가족들이 집 안팎에 요새를 꾸미고 그 사진을 중개업자들의 매물처럼 사이트에 올릴 수 있도록 지원했다. 물론 위기의 시기라면 유머를 다룰 때 평소보다 더 조심해야 한다. 하지만 적절한 시기와 적절한 방법을 사용하기만 한다면 큰 환영을 받을 수 있다. 실제로 우리가 영국의 첫 봉쇄가 절정이었던 2020년 4월 실시한 조사에 따르면 영국 국민의 90%가 '이런 시기에는 유머 감각을 지니는 것이 중요하다.'라고 느끼는 것으로 나타났다.

다섯째, 조직은 투자를 계속해야 한다. 『하버드 비즈니스 리뷰』의 2010년 연구는 불황 후에 더 탄탄해지는 기업이 10% 미만이라는 점을 발견했다. 이 기업들은 불필요한 비용을 줄이되 마케팅 지원과 혁신에 대한 투자를 계속했다. 마찬가지로 『맥킨지』는 서아프리카의 일부 기업들이 2014년 에볼라 사태 이후 더 탄탄한 기업이 된 이유를 기록했다. 노동력에 투자할 기회로 삼았기 때문이다.

마지막으로 조직은 스스로의 강화를 목표로 해야 한다. 갑작스런 혼란 이후에는 '일상으로 돌아가고자 하는' 유혹이 있게 마련이다. 하지만 2012년『블랙 스완』의 저자 나심 니콜라스 탈레브가 단언했듯이 기업들은 단순히 '회복력'을 가지려고만 해서는 안 된다. 그보다는 위기의 압박 속에서도 도약의 기회를 찾는 것(탈레브가 '반취약성anti-fragility'이라고 부르는 현상)을 목표로 해야 한다. 이는 혼란을 통해 발생한 긍정적 변화를 뿌리내리게 하고 혼란 속에서 개선에 박차를 가하는 것을 의미한다.

이 모델이 기회주의적인 착취를 위한 것이 아니라는 점에 주목하길 바란다. 모든 사람을 위해 상황을 개선하고 그 과정에서 자신도 발전하는 것을 중점으로 한다. 위기는 그 정의상 단기적으로 정상적인 추세를 잃는 몹시 어려운 상황이다. 하지만 브랜드 소유자들은 그런 아수라장 속에서도 더 큰 그림을 봐야 한다.

달리 표현하면 역사는 구급차의 뒤를 따르는 브랜드를 곱게 보지 않는다. 역사는 구급차를 사서 지원을 하고 장비를 갖추는 브랜드를 선호한다.

**따분한 교훈**

위기는 곧 착취의 기회다.

**행운이 전하는 조언**

위기는 일어서서 인정받을 기회다.

**행운을 부르는 질문**

어떻게 하면 다른 사람들을 돕고 우리 브랜드의
가장 좋은 모습을 보여줄 수 있을까?

## 25.
## 행운의 히치콕

영화감독 앨프리드 히치콕은 '행운이 무엇보다도 중요하다.'라고 믿었다. 흥미롭게도 그는 자신의 행운이 결함에서 비롯됐다고 생각했고 거기에 대해 뜻밖의 말을 남겼다. "내 인생의 행운은 내가 정말 겁이 많은 사람이라는 것이다. 내가 겁쟁이고 작은 일에도 큰 두려움을 느낀다는 게 다행인 것은 영웅은 좋은 공포 영화를 만들 수 없기 때문이다."

옳은 지적이다. 「싸이코」 「오명」 「현기증」 등의 영화를 만든 이 남자는 경찰관, 사제, 교사, 섹스, 잡담, 추락 등을 두려워했다. 심지어 그는 달걀에 대한 심각한 공포심을 갖고 있었다. 이런 여러 가지 불안은 엄격한 아버지 밑에서 과체중 소년으로 자란 성장 과정에 뿌리를 둔다. 하지만 그는 이런 모든 공포를 작품으로 돌렸다. "공포를 없앨 수 있는 유일한 방법은 그것에 대한 영화를 만드는 것이다."

　결함을 수용하는 히치콕의 전략은 긍정적인 것을 두드러지게 하라는 전형적인 마케팅 조언과 정반대다. 그렇지만 행동경제학자 리처드 쇼튼**Richard Shotton**이 지적했듯이 결함의 수용은 역사상 가장 훌륭한 캠페인들의 핵심이었다.

　특히 그 기법은 전후 시대의 광고인으로서 현대 광고의 아버지로 여겨지는 인물인 빌 번벅**Bill Bernbach**이 가장 좋아했다. 1959년 그는 일반적으로 폭스바겐 비틀의 결함이라고 여겨지던 것을 강점으로 바꾸었다. 미국 차들처럼 크지 않다는 것은 수리비가 덜 들고 보험료가 싸고 주차 공간이 적게 든다는 것을 의미한다는 광고 역사상 가장 유명한 광고 캠페인 중 하나를 만들었다. 이후 그는 에이비스**Avis**에 대해서도 똑같은 일을 했다. 시장 2위라는 상황을 이용해서 "우리는 더 열심히 노력합니다."라는 슬로건을 내놓은 것이다.

　쇼튼은 다양한 과학적 증거들이 이런 반직관적 접근법이 효과를 내는 이유를 보여준다고 말한다. 그는 실수 효과**pratfall effect**를 인용한다. 실수 효과는 작은 결함이 있는 사람이나 브랜드를 선호한다는 널리 인정받고 있는 현상이다. 엄청난 양의 연구들이 약간의 비하가 당신을 더 호감 가게 할 뿐만 아니라 당신의 메시지를 더 신뢰하게 만든다는 것을 밝혀냈다.

　이 연구 결과를 볼 때 이 기법이 몇몇 특출한 예외 이외에는 널리 채택되지 않는 상황이 더 의아하게 여겨진다. 실제로 번벅의 시대보다 자기 비하의 인기가 덜한 것처럼 보인다. 전설적인 광고인인

데이브 트로트**Dave Trott**가 말했듯이 "지금은 그 개념을 이해하는 사람조차 찾을 수 없을 것 같다."

여기에서 나는 이 기법을 핵심으로 하는 최근의 우리 캠페인에 대한 몇 가지 생각을 공유하려 한다. 자기 비하에 뛰어나다고 자랑하는 이상한 사람이 될 위험을 무릅쓰고서 말이다.

호스텔월드는 젊은 여행자들이 전 세계 3만 3,000개 숙소를 선택할 수 있는 온라인 플랫폼이다. 유스호스텔계의 부킹닷컴**Booking. com**이라고 할 수 있다.

가장 큰 문제는 이 업계에 부정적인 고정관념이 따라다닌다는 점이다. 사람들은 호스텔이 시끄럽고 사람이 붐비고 더럽고 안전하지 못하고 편의 시설이 부족하지 않을까 걱정한다. '호스텔'을 검색하면 나오는 상위 검색 결과가 동명의 공포 영화들(이 일련의 영화들은 히치콕이 자랑스러워했을 만한 작품이다. 어둡고 지저분하고 피가 줄줄 흐른다)인 것도 이 상황에 한몫하고 있다.

호스텔을 희화화한 이런 영화들과 달리 실제 호스텔들은 최근 들어 딴판으로 바뀌었다. 많은 호스텔이 조용한 공용 방, 안전한 사물함, 근사한 공유 공간, 내부 바와 식당, 무료 와이파이를 갖추고 있으며 심지어는 독방이 있는 곳도 있다. 생각하는 것보다 기본적으로 훨씬 좋다. 따라서 이 업계의 문제는 실제적인 문제가 아니라 인식상의 문제다.

2015년 호스텔월드는 우리에게 이런 오해를 풀어달라는 의뢰를 해왔다. 이 캠페인의 출발은 호스텔의 긍정적인 혜택, 즉 친목과 사교의 장임을 분명히 표현하기 위한 전형적인 방법이었다. 조식을 먹는 식당에서도 사람들과 눈조차 마주치지 않고 '방해하지 마시오'라는 팻말을 문에 걸어놓는 호텔과 달리 호스텔은 뜻이 맞는 여행자들을 만나기에 좋은 장소다. 또한 지역 사회나 문화와도 훨씬 더 가깝다. 우리는 이것을 하나의 문구로 요약했다.

'세상을 만나다.'

우리는 다음 몇 해 동안 이 철학을 홍보하고 호스텔이 제공할 수 있는 훌륭한 숙박시설을 보여주었다. 우리는 사교의 장이란 인식을 강화해 브랜드의 정체성을 바꾸었고 구글과 협력해 호스텔월드 앱에 음성 기반 번역 기능을 제공했다. 또한 크리스 유뱅크**Chris Eubank**, 피프티센트**50cent**, 머라이어 캐리와 같은 생각지도 못했던 유명인들이 호스텔을 방문해서 그곳이 얼마나 근사하고 활기 넘치는 사교의 중심인지 확인하는 유명한 캠페인을 만들었다. 이런 활동들은 호스텔의 긍정적인 면을 보여주는 데 대단히 성공적이었다. 인식이 개선되었고 예약률이 높아졌다. 하지만 부정적인 이야기들을 떨쳐내기란 쉽지 않았다.

그랬기에 찰리 쉰의 소속사에서 온 전화는 도움이 되는 전개가 아니라고 생각했다. 그는 터무니없는 행동으로 소셜 미디어에서 악명이 높은 사람이었다. 알코올과 마약 문제로도 대단히 유명했다. 섹스 스캔들과 폭력 사건도 있었다. 호스텔과 연결하기 가장 꺼려지는 사람이 있다면 바로 그였을 것이다. 하지만 소속사는 다른 주장을 폈다. 찰리가 이제 행동을 고치고 정신을 차렸다는 것이었다.

그는 자선 사업도 많이 하고 있었다(특히 2015년 에이즈 바이러스HIV 양성이라는 사실이 드러난 뒤).

간단히 말해 그는 교화된 인물이었다. 더구나 그는 우리 캠페인을 무척 좋아했고 바로 다음 주에 런던으로 올 예정이었다. 그는 우리의 다음 깜짝 게스트가 될 수 있을지 알고 싶어했다.

대부분의 마케터들은 이 제안을 정중하게 거절했을 것이다. 찰리의 출연은 전혀 계획에 없는 일이었다. 그 일을 제대로 처리할 만한 시간도 충분하지 않았다. 찰리는(소속사에서는 뭐라 하든) 여전히 악명이 자자했고 그 자체만으로도 브랜드의 인지도에 부정적인 영향을 줄 수 있었다. 하지만 호스텔월드 최고마케팅책임자 오토 로젠버거Otto Rosenberger는 배짱이 있고 또 그만큼 과단성이 있어서 마케터들이 좋아하는 유형의 클라이언트였다. 그래서 우리는 한번 해보기로, 아니 사생결단으로 덤벼들어 보기로 결정했다.

우리는 찰리의 악명이나 호스텔에 관한 좋지 못한 평판을 피하는 대신 끌어안았다. 찰리가 악명을 떨친, 또 여전히 호스텔을 괴롭히는 종류의 낚시성 헤드라인을 제시한 뒤에 둘 다 '생각보다 좋다'는 것을 보여주기로 했다.

우리는 15~20초짜리 소셜미디어 영상 6개를 만들었다. 의도적으로 추잡한 낚시성 기사의 스타일을 흉내 낸 뒤에 진실을 드러내는 방식을 사용했다. 예를 들어 '찰리 쉰, 호스텔에서 10대와 싸움을 벌여'라는 제목을 사용한 뒤에 그가 배낭여행자와 탁구 치는 모습을 보여줬다. 또 다른 영상에는 '찰리 쉰, 호스텔에서 소동을 일으켜'라는 제목을 달았다. 사실 그는 호스텔에 묵고 있는 다른 손님들에게 제공할 근사한 요리를 만들고 있었다.

영상 '찰리 쉰, 호스텔에서 주교를 공격하다'는 그가 체스를 두는 모습을 보여주었다. '찰리 쉰, 호스텔 침실에서 7명과'라는 영상은 평화로운 공용 숙소 안에서 잠을 자는 찰리에 대한 영상이었다.

보통의 시청자들이 시작 부분에서 광고를 넘겨버리는 환경에서 이런 자극적인 구성 방식은 큰 효과를 발휘했다. 이런 식으로 시청자를 붙잡을 수 있었다. 우리는 그들의 편견을 넌지시 비추는 대신 노골적으로 다루었다.

고위험 전략이었음에도 불구하고(어쩌면 그렇기 때문에) 이 광고는 크게 성공했다. 광고를 본 사람의 66%가 호스텔을 예약할 가능성이 커졌다고 답했다. 예약률이 전년 대비 21% 상승했다. 유튜브는 이 광고 캠페인을 2018년 가장 효과가 높았던 광고로 선정했다. 이는 때로 가장 큰 약점을 인정하는 것이 가장 강력한 전략이 될 수 있다는 것을 보여준다.

### ～ 럭키 시크릿 ～

**따분한 교훈**
브랜드는 항상 자신의 결함을 감춰야 한다.

**행운이 전하는 조언**
문제를 인정함으로써 신뢰와 호감도를 높일 수 있다.

**행운을 부르는 질문**
최대의 약점을 최대의 강점으로 바꿀 방법은 없을까?

**26.**
**행운의 한계**

　최근 출간된 비즈니스 서적 중 내가 가장 좋아하는 것은 애덤 모건**Adam Morgan**과 마크 바든**Mark Barden**이 쓴 『제약의 마법』이다. 그들은 이 책에서 우리 모두가 어떤 제약 안에서 움직여야 한다는 것을 지적한다.

　예를 들어 우리는 제한된 재원, 제한된 시간, 제한된 정보, 제한된 기술력을 가지고 있을 수 있다. 그게 아니라면 정부의 규제, 경제 상황, 인구학적 요소, 물리학의 법칙과 같은 외부 압력의 제약을 받는 경우도 있다.

　어느 쪽이든 한계는 나쁜 것으로 받아들여지게 마련이다. 하지만 모건과 바든은 한계가 '흥미로운 새로운 접근과 가능성을 자극하는 촉매'가 될 수 있다고 주장한다.

　그 책에서 저자들은 이런 기회를 드러낼 수 있는 여러 가지 방법을 제안한다. 하나는 '~라면 할 수 있다Can-If' 기법이다. 이 기법의 영감은 영국 최대 제과점 워버튼의 연구개발 책임자였던 콜린 켈리Colin Kelly와의 대화에서 비롯됐다. 그는 제약을 불가능한 장애로 보는 우리의 경향 때문에 많은 흥미로운 아이디어가 사장된다고 설명했다. 이는 '~때문에 할 수 없다.'라는 주장으로 나타난다.

여기에 대응하기 위해 켈리는 이런 방식의 문장 구성을 금지했다. 대신 그는 '~라면 할 수 있다.'라는 문장 구성을 사용하는 것을 주장한다. 예를 들어 누군가 '생산 라인이 느려지기 때문에 새로운 포장을 사용할 수 없습니다.'라고 반대하면 '다른 라인을 사용한다면 새 포장을 사용할 수 있습니다.'라고 재구성하도록 장려하는 것이다.

모건과 바든은 이것이 혁신적인 사고를 촉진하는 정말 유용한 방법이라고 지적한다. 하지만 그들은 제약이 1차원적인 경우는 거의 없고 여러 가지가 중첩돼 나타나는 때가 많다는 것도 인정했다. 그렇기 때문에 필연적으로 마주하는 '~때문에 할 수 없다.'라는 장황한 설명에 연속적인 '~라면 할 수 있다.'로 맞서야 한다고 조언한다.

이는 2013년에 맡았던 자선단체 캠페인을 생각나게 했다.

남성암인식캠페인MCAC은 우리 회사 럭키 제너럴즈가 처음으로 맡은 일이었다. 우리는 회사를 차린 바로 그날 이 단체의 설립자인 패트릭 콕스Patrick Cox를 만났다. 그는 덩치가 크고 사교적인 아일랜드인이었는데 우리는 금세 친해졌다.

패트릭은 몇 년 전 고환암을 이겨낸 후 이 단체를 설립했다고 설

명했다. 그때부터 그는 자기 인생의 사명이 남성들에게 주요 남성
암인 전립선암, 고환암, 대장암에 대해 교육하는 것임을 깨달았다.
특히 그는 초기 발견의 필요성을 강조하고자 했다. 이런 질환으로
사망하는 영국 남성이 매년 1만 9,000명인데 그중 대다수는 조기
에 발견했다면 목숨을 구할 수 있었다.

우리는 대의에 대한 그의 열정뿐 아니라 전염성이 있는 고환과
대장에 관한 직설적인 언급이 난무하는 그의 뛰어난 유머 감각에도
강한 인상을 받았다. 우리는 그의 생각을 널리 퍼뜨리는 일을 진심
으로 돕고 싶었지만 거기에는 많은 제약이 있다는 것도 알고 있었
다. 아직 모건과 바든의 책이 출간되지 않은 때였지만 그 뒤에는 '~
라면 할 수 있다'와 같은 유형의 대화가 이어졌다.

우리는 각자 가진 패를 하나씩 뒤집었다. 패트릭은 남성암인식캠
페인이 작은 자선단체이고 예산이 충분치 않다고 강조했다. 사실상
돈이 있더라도 그것을 '돈만 밝히는 광고 대행사'에 줄 생각은 없었
다. 타당한 생각이었다. 우리 역시 평생 모은 돈을 쏟아부어 회사를
차렸기 때문에 여유라고는 없다는 사실을 밝혔다. 하지만 우리에게
는 열정과 재능과 인맥이 있었다. 그래서 '창의적으로 생각하고 도
움을 받고 인맥을 이용한다면 할 수 있다.'라는 결론을 내렸다. 첫
번째 문제는 해결됐다.

다음으로 패트릭은 남성들을 '아랫도리'에 신경쓰게 만드는 것이
얼마나 어려운지 이야기했다. 여성들은 여러 세대에 걸쳐서 유방
검진의 중요성에 대해 배워온 반면에 남자들은 인식도 낮고 솔직히

더 게을렀다.

우리도 같은 생각이었다. 우리가 진행했던 다른 프로젝트에서도 남자들은 행동 변화에 대한 요구에 불평을 터트렸다(여성들은 더 심하게 당했다는 사실을 의식하지 못한 채). 하지만 포기하는 대신 우리는 이렇게 말했다. "요구를 정말 간단하게 만든다면 행동을 끌어낼 수 있죠."

마지막으로 패트릭은 이것은 금기시되는 주제라는 것을 상기시켰다. 앞서 다루었듯이, 사람들이 사회에서 출입금지 구역으로 정한 주제에 대해 생각하게 하는 것은 어려운 일일 수 있다. 이때 남자들은 '알, 거시기, 창자의 속사정'에 대해 이야기하는 것을 정말 꺼린다. 사람들이 당혹스러워 죽을 지경인 문제를 과연 극복할 수 있을까? 우리는 이렇게 주장했다. "청중의 언어에 재미를 가미한다면 할 수 있죠."

우리는 이것이 진지한 주제라는 것도, 패트릭이 여기에 동의하지 않을 수 있다는 것도 의식하고 있었다. 하지만 알고 보니 그는 배짱이 있는 사람이었다. "그건 문제가 되지 않아요." 그는 이렇게 말하고 나서 지난 캠페인에 사용한 사진을 꺼냈다. 사진 속에는 커다란 (그리고 무섭도록 실제적인) 음낭 모양 자루를 뒤집어쓴 미스터 고환 **Mr. Testicles**이란 남자가 있었다.

'~라면 할 수 있다.' 식 대화로 바꾸고 나니 제약들이 그리 곤란해 보이지 않았다. 우리는 만약 자금이 무한정하고 청중이 열의를 보이고 사회적으로 용인된 사항이었다면 결코 생각해내지 못했을 해법을 통해 그 제약을 장점으로 만들었다.

우리의 아이디어는 남자들에게 하루 동안 속옷을 입지 않게 하는 것이었다. 속옷을 입지 않는 것은 그리 어려운 요구가 아니다. 사실 내 동료 대니의 말대로 "자선을 위해 뭔가를 덜 하자고 요청하는 것은 이번이 처음"일 것이다. 결정적으로 이 일은 남성들로 하여금 자신의 '물건'에 대해서 더 의식하게 할(그리고 검진받을 가능성이 클) 것이다.

다음으로 우리는 이 문제가 은밀하게 다룰 사적인 것만이 아니라는 점을 확실하게 하기 위해 새로운 도구를 만들었다. 견장과 같은 형태의 스티커였다. 스티커를 붙인 사람이 '속옷을 입지 않았음'을 알리는 이 도구는 지하철이나 사무실과 같은 일상생활이 이루어지는 곳곳에서 관심과 대화를 촉발하기 위해 고안됐다.

뒷면에는 조기 발견의 중요성에 대한 기본적인 정보를 인쇄하고 남성암인식캠페인 사이트 주소를 적었다. 어쨌든 요점은 예상을 벗어난(그리고 약간은 저질스러운) 방식으로 금기를 깨뜨리는 것이었다. 우리는 인맥을 이용해서 스티커를 260곳의 패디 파워 베팅샵, 구글, 레드불, 버진, 영국 신문 『더 선』 등의 기업 본사에 배포했다.

마지막으로 이 아이디어를 지원하기 위해서 여러 사람의 도움을 받아 SNS용 영상과 인쇄 광고를 제작했다. 우리(그리고 제작사의 친구들)가 다른 클라이언트를 위해 유명인을 촬영할 때마다 그들에게 속옷을 입지 않고 스티커를 붙이고 "속옷을 입지 않고 있어요."라고 말하는 짧은 영상을 촬영할 수 있을지 물었다.

이미 짐작했겠지만 매체는 다양한 팝스타, TV에 출연하는 유명인, 정치인들이 속옷을 입지 않고 있다고 말하는 이 영상에 열광했다. 우리는 100만 파운드가 넘는 가치의 광고 공간을 얻었고, 2억 9,000만 회의 조회 수, 3,600만 회의 트위터 참여 수를 기록했다.

우리는 가히 무에서 유를 창조했다. 왜냐하면 우리에게는 아무것도 없었기 때문이다.

제약이 너무나 억압적이어서 극복할 수 없다고 생각하고 있는가? '~라면 할 수 있다'를 받아들인다면 할 수 있다.

---

### ⋘⋙ 럭키 시크릿 ⋘⋙

**따분한 교훈**
제약은 당신을 막아선다.

**행운이 전하는 조언**
한계는 당신을 해방시킬 수 있다.

**행운을 부르는 질문**
자금이, 시간이, 전문가가 절반이나 부족하다면
어떻게 과제에 접근해야 할까?

---

# 27.
# 행운의 생쥐

1814년 이반 크릴로프Ivan Krylov는『호기심이 많은 남자The Inquisitive Man』라는 우화를 썼다. 이 우화에서 작품의 제목과 같은 이름의 주인공이 박물관을 찾는다. 그는 그곳에서 온갖 세부적인 사항들을 알아차리지만 훨씬 더 분명한 코끼리의 존재를 인지하지 못한다.

이 이야기는 수십 년 후 러시아 소설가 표도르 도스토옙스키와 미국 소설가 마크 트웨인 같은 작가들에 의해 많은 사람에게 알려지게 되었다. 이런 이후의 각색된 이야기 속에서 이 우화 속 코끼리는 당혹감을 느끼고 싶지 않아 의도적으로 회피하는 중요한 사안을 비유하는 말이 되었다. 이렇게 상당한 잉태 기간이 지난 후 '방 안의 코끼리'가 탄생했다.

앞서 몇몇 브랜드들이 이런 종류의 문제를 어떻게 다뤘는지 살폈다. 예를 들어 죽음을 둘러싼 금기나 호스텔에 대한 부정적인 인식등이다. 이 경우들은 상당히 커 보여서 실제로는 피할 수 없는 문제들로서 분명히 코끼리의 문제였다.

그런데 그보다 절박함은 덜하지만 신경쓰이는 문제들은 어떻게 해야 할까? 계속 나타나는 사소한 결함, 경미한 불행, 불운한 사고. 사실 이사회실에 쿵쿵거리는 코끼리가 있는 회사는 많지 않다. 대부분의 회사에는 생쥐가 있다. 짜증을 유발하는 사소한 일, 실수, 곤란한 상황 등이다.

통념은 비즈니스 리더들은 그런 문제를 무시하고 더 큰 사안에 집중해야 한다고 가르친다. 하지만 집을 가진 사람이라면 누구나 알듯이 생쥐에게 등을 돌리는 것은 현명치 못한 일이다. 심지어 이런 귀찮은 작은 문제들을 재미를 주는 요소로 이용할 수도 있다.

부시 맥주를 예로 들어보자. 부시 맥주는 미국 이외 지역에서 큰 인기를 누리는 맥주다. AB인베브는 부시가 폭넓은 대중에게 사랑을 받는 가성비 높은 맥주라는 자부심을 품고 있다. 대표적인 블루칼라 스포츠인 나스카**Nascar**\*의 오랜 후원사다. 특히 전설적인 드라이버 케빈 하빅**Kevin Harvick**을 오랫동안 후원했다.

거기까지는 좋다. 이제 생쥐가 등장한다.

하빅에게는 최대의 라이벌이 두 명 있다. 그 두 사람은 형제다. 하빅은 그 동생에 대해 이렇게 말한 적이 있다. "내 평생 본 놈 중 가장 쓰레기 같은 놈이다. 얌전히 쭈그리고 있지 않으면 내가 찾아낼 것이고 그는 내 손목시계를 들고 있어야 할 것이다. 내가 엉덩이를

---

\* 종합 스톡 자동차 경주 대회. 스톡 자동차란 일반 시판차를 개조한 것을 말한다.

때려줄 테니까." 하빅은 그 형도 좋아하지 않았다. 이 엑스피니티 시리즈 2회 챔피언에 따르면 그는 '주정뱅이' '바보' '얼간이'라고 한다.

이것이 부시에게 왜 문제인 걸까? 이 형제의 이름 때문이다. 그들은 커트 부시**Kurt Busch**와 카일 부시**Kyle Busch**라고 한다. 요약하자면 부시 맥주는 케빈 하빅을 후원한다. 그런데 공교롭게도 케빈 하빅의 두 라이벌의 이름이 부시인 것이다. 그래서 그는 매번 숙적들의 이름을 사방에 두르고 트랙에 나서야 한다.

분명 이상적인 상황은 아니었다. 하지만 반대로 큰 문제도 아니었다. 모두가 그 부시(맥주)가 그 부시(드라이버들)가 아니라는 것을 알고 있다. 모두가 이것이 그저 '어쩔 수 없는 일'이라는 것을 이해하고 있다. 사실 오래 이어진 '어쩔 수 없는 일'이었다. 부시 형제의 문제는 AB인베브가 매년 씨름하는 모든 문제 중에서도 저 밑바닥에 있다. 그들은 코끼리가 아니라 생쥐다.

하지만 생쥐 같은 작지만 성가신 문제에 대해서도 조치를 할 수 있다면 좋지 않을까? 우리는 그렇게 생각했다.

그래서 우리는 2019년 한 나스카 레이스에서 케빈 하빅의 방화복, 장비, 자동차에서 부시라는 표시를 모두 제거했다. 그리고 그 자리에 정확하게 동일한 서체와 색상으로 제작한 '하빅**Harvick**'으로 대체했다. 모든 소셜미디어 채널, 트랙의 간판, 화면 그래픽도 마찬가지였다. 우리는 심지어 그 행사장에서 판매되는 모든 맥주 캔의 포장까지 바꿔버렸다. 하빅이 말하길 "이거야말로 제대로 된 페인트 전략이지! 차에 내 이름이 있어. 맥주 캔에도 내 이름이 있고. 이제 마음껏 응원할 수 있어. 이제 때가 됐다!"

이런 일회성 이벤트가 그해 부시(맥주)의 운명을 바꾼 것처럼 부풀릴 생각은 없다. 하지만 이 예기치 못한 변화가 경쟁이 심한 시장 안에서 이 브랜드에 대한 많은 이야기를 만들어낸 것만은 사실이다 (하빅이 그 레이스에서 우승했다는 사실도 일조했다).

부시 맥주는 소셜 미디어에서 4,700만 이상의 참여 수를 기록했고 나스카 마케팅 어치브먼트 어워드를 수상했다. 그때의 캔들은 수집가들이 탐내는 물건이 되었다.

간단히 말해 그것은 칼 E. 웨익**Karl E. Weick**이 기업이 좀 더 자주 목표로 삼아야 한다고 말하는 종류의 '작은 성공**small win**'이었다. 웨익은 미시간대학교의 저명한 조직 이론가로 1984년 이 주제에 대한 획기적인 논문을 발표했다. 아쉽게도 그는 나스카를 언급하지는 않았다. 그는 많은 다른 경쟁 스포츠 중에 내셔널 풋볼 리그**NFL**를 조사했다. 그가 발견한 것은 장기적인 성공은 하나의 큰 결과가 아니라 일련의 작은 성공을 기반으로 할 가능성이 크다는 점이다.

이후 웨익은 작은 성공에 따르는 일련의 이점들을 나열했다.

첫째, 작은 성공은 실제적인 사건들이다. 이는 내외부 고객들이 쉽게 관심을 가질 수 있다는 의미이다. 부시와 같은 브랜드(일상에 뿌리를 내리고 있으며 허세 넘치는 마케팅 목표는 무시하는)에는 이것이 중요하다.

둘째, 작은 성공은 안정적인 벽돌을 나타낸다. 웨익은 우화를 들어 설명했다. 그는 끊임없이 방해를 받는 가운데 종이 1,000장을 헤아린다고 상상해보라고 말했다. 그는 한 번에 종이를 세려 한다면 어디까지 헤아렸는지 잊고 처음부터 다시 시작해야 할 위험이 있다고 지적했다. 반면에 종이를 100장씩 세어 쌓는다면 정신이 흐트러질 위험이 훨씬 낮아진다. 우리 캠페인에 적용하자면, 일단 하빅이 결승선을 지나면 우리의 승리는 무효가 될 수 없다는(즉 경기를 무사히 치르기만 한다면 캠페인은 성공이라는) 의미였다. 맥주 시장과 같이 빠르게 변하는 시장에서는 퍽 유용한 방법이다.

셋째, 작은 성공은 추진력을 만든다. 추진력은 내외부 고객을 흥분시켜서 또 환경을 교란시켜서 얻는다. 작은 성공은 선형적인 방식으로 계획하기 쉽지 않은 면이 있기는 하지만 부가적 효과를 내며 이는 조직이 올바른 방향으로 나아가는 데 도움이 된다.

이 역시도 부시에 적용됐다. 우리는 이목을 끌기 위한 일련의 행사를 펼쳤다. 모두가 중미에서 브랜드의 신뢰를 구축하기 위해 고안된 것이었다. 예를 들어 숲 한가운데에 팝업 스토어를 숨김으로써 또 한번 큰 문제가 아니라 사소한 문제*를 공략하는 것이 우리의 목표였다. 수천 명의 맥주 팬들이 단어를 들고 미주리의 한 숲으로 향했다. 수천 마일을 여행하고 38도에 가까운 더위 속에서 5시간을 걸은 사람들도 있었다. 모두가 평생 무료 맥주라는 약속에 이끌린 사람들이었다.

---

\* 이 경우에는 힙스터 문화. 힙스터란 유행 같은 대중의 큰 흐름을 따르지 않고 자신들만의 고유한 패션, 음악, 문화를 좇는 부류를 일컫는다.

다시 말하지만 여기에는 세상을 바꾸는 효과 같은 것은 없다. 하지만 이 행사는 SNS에서 1억 1,400만 회의 참여 수를 기록했고 브랜드를 앞으로 나아가게 했다.

오해는 말라. 나 역시 진정한 변혁은 보통 이보다 큰 문제와 맞붙는 데에서 비롯된다고 생각한다. 실제로 이후에는 야심 차고 대담한 목표라는 아이디어에 관해서 이야기할 것이다. 하지만 매머드를 쫓는 것이 항상 정답은 아니다. 작은 생쥐나 해충에 대한 방제 역시 중요하다.

방 안에 확실한 코끼리가 있는 것이 아니라면 생쥐가 있는 건 아닌지 걸레받이 아래를 살펴야 한다.

---

### 럭키 시크릿

**따분한 교훈**
정신을 산만하게 하는 작은 문제들은 무시해야 한다.

**행운이 전하는 조언**
짜증을 유발하는 사소한 일, 실수, 곤란한 상황이
모두 쌓여 큰 문제가 될 수 있다.

**행운을 부르는 질문**
여러 가지 작은 문제들을 일련의 작은 성공으로 바꿀 수는 없을까?

**28.**
**행운의 지루함**

마케팅에서 궁극의 불운 스토리가 뭔지 아는가? "우리 분야는 관심도가 낮아." 사치앤사치 런던의 리처드 헌팅턴**Richard Huntington** 회장이 말했듯이 이것은 "우리 집 강아지가 제 숙제를 먹어치웠어요."의 광고계 버전이다. 사실 관심도가 높은 분야란 존재하지 않는다. 모든 마케터가 유념해야 할 것이 있는데 일반인들은 여느 브랜드에 대한 소상한 사정보다 생각해야 할 더 나은 일들이 많이 있다.

그렇긴 해도 다른 분야들보다 좀 더 지루하게 느껴지는 분야가 분명히 있다. 보험처럼 마지못해 구매하는 항목이 그 예다. 우유와 같은 주식主食도 그렇고 변기 세정제나 세제와 같이 귀찮은 집안일에 사용하는 제품도 있다.

그럼 이런 업계와 일을 하는 불운이 닥쳤을 때는 어떻게 해야 할까? 답은 좋은 점을 찾는 것이다. 창의적인 사고는 도발적이라고 여

3부 얼마든지 불운을 행운으로 바꿀 수 있다　**179**

겨지는 업계보다는 관심도가 낮은 분야에서 더 두드러진다.

이 점을 분명히 확인하기 위해 이미 논의했던 몇 가지 사례들을 생각해보자. 우리는 세금 신고가 꼭 번거로울 필요가 없고, 장례 사업이 꼭 지루할 필요가 없고, 날마다 먹는 빵도 국민의 상상력을 자극할 수 있고, 습관적으로 마시는 차도 '꽤' 흥미로울 수 있다는 것을 목격했다.

이제 다른 사례들도 생각해보자. 방금 제시했던 사례들은 좀 더 활기 있는 분야를 예로 들었는데 관심도가 낮은 분야에서도 충분히 좋은 효과를 낸다. 예를 들어 행운의 이름은 지루한 제품에도 유용할 수 있다(변기에 뿌리는 방향제 푸푸리**Poo-Pourri**\*가 보여주듯이). 행운의 마스코트도 마찬가지다(보험 업계에서 미어캣과 도마뱀붙이가 입증했듯이). 행운의 사람들 전략도 있다(팀슨**Timpson**이 열쇠 복사 매장에 전과자들을 고용하면서 보여주었듯이).

요점은 당신의 브랜드가 관심도가 낮다고 치부되는 범주에 있더라도 풀이 죽을 필요가 없다는 것이다. 이 책에서 이야기한 모든 방법이 여전히 당신에게 열려 있다. 아니, 그 이상일 수도 있다. 그 외에도 따분할 정도의 불운을 행운으로 바꿀 방법들이 몇 가지 더 있다.

첫째, 자기 브랜드에 대해 말을 아껴라. 이는 '배경이 되는 이야기를 만들라'거나 '언제나 연관성을 유지하라'라는 현대의 마케팅

---

\* 대변이라는 의미의 단어 푸Poo와 말린 꽃과 나뭇잎을 섞은 방향제 포푸리popourri라는 단어를 합성한 제품명

조언과 배치된다. 더 깊이 있는 서사를 통해 말로 문제를 헤쳐 나가고 싶은 유혹이 들 수 있다. 하지만 프랑스 철학자 볼테르**Voltaire**가 남겼다고 전해지는 문구를 기억하라. '지루해지는 비결은 모든 것을 말하는 것이다.'

론실의 사례를 통해 빠르게 배워보자. 영국인 독자들이라면 알겠지만 론실은 다양한 목재용 착색 도료, 왁스, 페인트 제거제, 광택제를 제조하는 업체다. 이 분야는 말 그대로 마르는 페인트를 지켜보는 일만큼이나 지루하다. 하지만 론실은 지극히 환원주의적* 광고 때문에 유명해졌다. 예를 들어 론실 쾌속건조 목재용 착색도료의 광고에서는 이렇게 말한다. "나무에 페인트를 칠해야 하고 빨리 마르기를 바란다면 론실 쾌속건조 목재용 착색도료가 필요합니다. 깡통에 적힌 그대로 작용합니다."

물론 당신은 이런 무뚝뚝한 광고를 하고 싶은 생각이 없을 것이다. 그러나 론실의 이 슬로건은 1994년부터 지금까지 사용되고 있고 총리부터 코미디언과 팝스타까지 입에 올리고 있다. 자, 이제 울타리의 낡은 페인트를 벗겨내듯 메시지의 모든 층을 벗겨 낼 방법을 생각해보라.

둘째, 프랜시스 조지프 시드**Francis Joseph Sheed**의 기도서를 충실히 따르라. 거침없는 논평으로 유명한 이 가톨릭 신학자는 다음과 같은 말을 남겼다. "대화가 지루해지지 않게 하는 한 가지 방법은 이치에 어긋나는 말을 하는 것이다." 퍼실**Persil**의 '먼지는 좋은 것'

---

* 복잡하고 추상적인 사상이나 개념을 하나의 원리나 요인으로 설명하려는 경향

이란 슬로건은 그 좋은 예다. 단 세 마디 말이 지루한 분야를 흥미로운 관점으로 보게 만든다. 당신이 속한 업계에서 할 수 있는 가장 이단적인 말은 무엇일까?

셋째, 제품의 중요성을 재구성하라. 우리는 최근 페버트리Fever-Tree의 단기 프로젝트를 진행했다. 2004년 출시한 이 토닉워터 브랜드는 영국 시장에서 경탄할 만한 성공을 거뒀다. 페버트리의 영리한 조치 중 하나는 희석 음료는 알코올 음료의 지루한 일부일 뿐이란 기존의 생각을 재고하게 한 것이었다. 그들은 멋진 슬로건(나와는 아무 관련도 없음을 밝힌다)으로 지루한 희석 음료라는 고정 관념에 이의를 제기했다.

"당신이 마시는 음료의 4분의 3은 희석 음료입니다. 최고의 희석 음료와 섞어주세요."

어떻게 하면 당신의 제품이 생각보다 중요하다는 것을 사람들에게 설득할 수 있을까?

넷째, 재미있어야 한다. 너무 당연한 이야기인가? 하지만 유머가 가장 효과적인 광고 방법(특히 관심도가 낮은 범주에서)이라는 것을 보여주는 증거는 수없이 많다. 그러나 이 데이터들은 지난 20년 동안 코믹한 광고가 감소하고 있다는 것도 지적한다.

우리 업계가 끔찍한 실수를 저지르고 있다는 것이다. 용감한 브랜드들에는 좋은 기회가 될 수 있다. 지난 10년 동안 여러 상을 휩쓴 광고 캠페인 중 하나는 '어리석게 죽는 방법'이라는 제목의 철도 안전 광고였다. 이렇게 딱딱하고 어두운 소재로도 코미디를 만들 수 있다면 다른 사람들에게는 변명의 여지가 없지 않을까?

마지막으로 광고인들이 어떤 주제든 흥미롭게 만들 수 있다는 것을 여전히 의심하고 있다면 나와 함께 우리 동네로 가보자. 몇 년 전 나는 퍼스샤이어에서 휴가를 보내고 있었다. 스코틀랜드에 있는 이 지역은 아름다운 풍광을 지니고 있을 뿐만 아니라 볼 것도 할 것도 많다. 하루는 차로 아버펠디 인근의 작은 마을을 지나고 있었다. 인근의 장엄한 전원지대와 대조적으로 이 작은 마을에는 눈에 띌 만한 것이 없었다. 더구나 마을 이름까지 말 그대로 딜**Dull**(따분한)이었다.

하지만 그곳을 지나던 우리는 그곳이 '오레곤주 보링**Boring**(지루한), 뉴사우스웨일스주 블랜드**Bland**(단조로운)의 자매 마을'이라는 표지판을 발견했다. 이 세 마을은 '무료함의 3인조'를 이루어 전 세계에 서로를 홍보하고 있었다.

정말 탁월한 아이디어가 아닌가! 온라인에 이 이야기가 얼마나 널리 퍼졌는지만 보아도 얼마나 성공적인지 알 수 있다. 이 아이디어는 어떤 것도 흥미롭게 만들 수 있다는 내 주장을 뒷받침한다. 소재가 따분하고 지루하고 단조롭다는 것은 변명거리가 되지 않는다.

**29.**
**행운의 (개)새끼**

1976년 미국 백악관은 자국 기업들이 고객 불만을 어떻게 처리하는지에 대한 설문 조사를 의뢰했다. 첫 조사 결과는 상당히 낮은 수준이었다. 그 후 오랫동안 이어진 이 조사의 2020년 데이터는 불만 처리에 대한 만족도가 첫 결과보다도 2배 이상 하락했다는 것을 보여주었다.

그런데 이 연구의 제목이 '고객 분노Rage 설문'으로 바뀌었다는 사실은 가공되지 않은 수치들보다 더 많은 것을 알려준다. 이는 독설이 양적으로 증가했다는 점뿐 아니라 많은 부분이 소셜 미디어에 의해 주도된다는 것을 명확히 반영한다.

트위터와 같은 채널은 브랜드들에게는 곤란한 문제다. 불평이 예전처럼 은밀하게 행해지는 게 아니라 공개적으로 행해지기 때문이다. 게다가 빨리 확산되고 그 과정에서 과열되는 게 보통이다. 때로는 원래의 사안이 더 치명적인 일로 변하기도 한다. 예를 들어 조직의 대응이 단순히 형편없는 고객 서비스가 아니라 그 안에 차별의 낌새가 있는 경우가 그렇다. 조심하지 않는다면 기업이 알아차리기도 전에 전면적인 불매운동이 일어날 수도 있다.

물론 이러한 현상은 여러 가지 면에서 좋은 일이다. 브랜드가 적절치 못한 행동을 하는 경우라면 욕도 먹고 책임도 져야 한다. 자신도 모르는 사이에 그런 행동을 하고 있다면 그런 불만을 인식해야 개선이 가능하다. 조직이 비판에 잘 대응한다면 애초부터 문제가 없었던 것보다 더 큰 고객 만족을 끌어낼 수 있음을 시사하는 상당히 많은 연구가 있다.

불평은 행운으로 바뀔 수 있는 불운의 전형적인 사례다. 빌 게이츠가 말했듯이 "가장 불만이 많은 고객이야말로 가장 훌륭한 배움의 원천이다."

당신이 브랜드 관리인이라면 불평을 장려하고 공유하고 추적하고 그에 대한 조치를 해야 한다. 트위터 불만 중 70%가 답을 받지 못하는 세상에서 당신이 이런 태도를 보인다면 당신의 회사는 대부분의 다른 회사들보다 앞서게 될 것이다.

그런데 잠깐. 이 모든 것은 고객이 항상 옳다는 것을 전제로 한다. 반대로 그렇지 않다면 어떻게 해야 할까? 상대적으로 새로운 현상도 나타난다. 대중은 브랜드의 고객 서비스를 비평하기 위해서만이 아니라 편협한 발언을 하기 위해 소셜 미디어를 이용한다. 이는 사회적 책임이 있는 광고(예를 들어 인종차별주의나 동성애혐오증)에 대한 반응으로 나오는 경우가 많다. 브랜드 관리인인 당신은 딜레마에 빠지게 된다.

당신은 혐오 발언을 모른 체하고 불쾌한 견해를 묵인한다는 반대편의 비난을 무릅쓸 것인가? 그렇지 않다면 그들을 힐난함으로써 일부 고객을 놓친다는 사실을 받아들이겠는가?

나는 호텔 업계에서 교훈을 얻으라고 제안하고 싶다. 그 업계에서는 매니저들이 술에 취하거나, 제멋대로 굴거나, 불쾌한 행동을 하는 고객을 효과적으로 통제하거나 내보내는 데 익숙하다. 지금의 소셜미디어는 공개된 한 술집에서 모두가 함께 술을 마시고 있다는 것과 같은 상황이다.

당신의 가상 영업장에서 무례하고 적대적인 고객들을 발견하면 당신은 판단력을 발휘해야 한다. 제대로 된 주인이라면 합당한 선에서 언론의 자유를 허용해야 하지만 극단적인 혐오가 섞여들었을 때는 그 고객을 쫓아내야 한다. 앞서 언급했듯이 이 일을 제대로 한다면 이런 언쟁을 박수갈채로 바꿀 수 있다.

중요한 것은 앙심에 더 큰 앙심으로 대응할 필요가 없다는 것이다. 절대 그렇게 해서는 안 된다. 보통은 증오를 긍정적인 것으로 전환하는 편이 더 낫다. 그런 이유에서 나는 2018년 럭키 바스타드Lucky Bastards*라는 계획을 시작했다.

소셜 미디어와 관련된 직업을 가진 나는 소셜 미디어 채널이 전체 증오 범죄의 59%를 차지한다는 홀로코스트 기념 협회Holocaust

---

* bastard는 개새끼 정도에 해당하는 욕설

**Memorial Day Trust**의 연구 보고서에 매우 놀랐다. 홀로코스트 기념 협회나 다른 단체들이 받은 끔찍한 메시지들을 훑어보고 처음 든 생각은 똑같이 대응하는 것이었다. 하지만 이후 그런 방법은 상황을 악화할 뿐이란 생각이 들었다. 그래서 증오 메시지를 자선 단체의 기부로 돌리는 혁신적인 방법을 떠올렸다.

럭키 바스타드는 우리가 지금 2,000파운드를 지원한 증오 범죄 대체 계획이었다. 규칙은 간단했다. 트위터를 훑어보면서 '개새끼'라는 단어가 악의적으로 쓰인 사례를 찾는다. (이것은 우리의 노력을 집중하는 좋은 방법이었다. 우리는 모든 증오 발언을 다룰 수는 없다고 판단했기 때문이다.) 다음으로 우리는 가해자에게 그들이 어떤 이벤트에 당첨된 것처럼 트윗을 보낸다. '럭키 바스타드에 응모해주셔서 감사합니다!'

어디에나 적용할 수 있다. 그들이 '동성애자 개새끼'라는 식의 말을 한다면 우리는 명랑한 말투로 그들의 메시지를 성소수자**LGBT** 자선단체, 스톤월**Stonewall**에 10파운드 기부로 전환할 것이라고 말한다. 그들이 "빌어먹을 이민자 새끼들"이라고 불평을 한다면 우리는 난민 센터에 위생 용품을 공급하는 자선 단체에 기부한다.

그리고 지역별로 다르게 운영했다. 예를 들어 맨체스터의 한 남성이 "개 같은 이슬람교도 새끼들"이 파리의 노트르담 성당을 불태웠다고 불평하면 사실이 아님을 지적한다. 그가 있는 지역의 방화 공격 피해를 본 이슬람 사원에 돈을 보내겠다고 전한다.

우리의 로고는 웃고 있는 커다란 얼굴이며 우리는 긍정적인 의도를 다시 한번 강조하기 위해 모든 대답의 마지막에 입맞춤을 남긴다.

이런 색다른 접근은 증오 발언을 한 사람들을 곤혹스럽게 했을 뿐만 아니라 온라인에서 큰 지지를 얻었다. 악의에 악의로 대처하지 않고 수준을 높이려는 바람을 사람들이 알아주는 것 같았다. 자선 단체들은 트윗으로 감사의 인사를 하면서 이런 작은 친절 덕분에 행복하다고 말하곤 했다. 즐겁지 않은 사람은 우리의 은행계좌를 관리하는 사람뿐이었다(욕설이 들어간 이름이 이메일에 혼란을 가져온 모양이었다).

물론 좋은 뜻을 가진 장대한 계획들 속에서 우리가 기부한 액수는 아주 미미하다. 독설의 바다에 떨어뜨린 한 방울의 물이랄까. 하지만 호의가 담긴 그 액수는 가치가 있다. 더 큰 교훈은 증오가 적이 아니라 친구가 될 수 있다는 점이다. 증오를 무시하거나 정면에서 공격하는 대신 부정성을 긍정성으로 바꿔보는 것은 어떨까?

---

### ∼ 럭키 시크릿 ∼

**따분한 교훈**
부정적인 댓글에 시선이 가도록 하면 안 된다.

**행운이 전하는 조언**
부정적인 댓글을 받아들이고 거기에서 배움을 얻는다.

**행운을 부르는 질문**
증오와 불만을 어떻게 웃음과 칭찬으로 바꿀 수 있을까?

---

**30.**
**행운의 연필**

3부의 스토리들은 대부분 난제에서 시작된다. 그런데 불운이 변장하고 나타날 때가 있다.

내 동업자인 헬렌은 '현실 안주'가 기업에서 무엇보다 큰 위험일 수 있다고 지적하기를 좋아한다. 보통 그것은 월계관을 쓰고 오기 때문에 찾아내기가 어렵다. 급격한 방향 전환을 촉구하는 위기가 없다. 극복해야 할 좌절도 없다. 영원할 것만 같은 성공에 도취되어 있다. 그러나 그것은 영원하지 않다. 그렇기 때문에 이 특별한 위협이 그렇게 지독한 것이고 거기에 한 장을 할애할 가치가 있다.

물론 로마 공화정 말기의 정치가 율리우스 카이사르<sub>Julius Caesar</sub>는 월계관에 대한 모든 것, 즉 월계관에 안주하는 일의 위험에 대해 알고 있었다. 그가 로마의 거리를 기세등등하게 지날 때마다 마차에는 노예가 한 명 동행했다. 군중이 이 위대한 자의 이름을 연호하는 동안 노예는 카이사르의 머리에 월계관을 씌웠다. 그런데 이 노예의 가장 중요한 임무는 카이사르의 귀에 "호미넴 테 메멘토Hominem te memento(당신이 인간이라는 사실을 기억하라)."라고 속삭이는 것이었다.

작곡가 레너드 코헨Leonard Cohen도 비슷한 방법을 사용하곤 했다. 그는 무대에 오르기 전 밴드 전체에 "파우페르 숨 에고, 니힐 하베오Pauper sum ego, nihil habeo(나는 가난하다. 내겐 아무것도 없다)."라는 말을 외치게 했다. 수많은 수상 경력에 순자산이 4,000만 달러인 아티스트라는 현실과는 동떨어진 이야기겠지만 당신은 요점을 이해했으리라 믿는다.

내가 가장 좋아하는 이런 유의 스토리는 전설적인 축구 감독 브라이언 클러프Brian Clough에 관한 것이다. 클러프는 철저한 영국 북부인이어서 라틴어를 쓰지는 않았다. 그는 선수들이 항상 분별 있고 현실적이어야 한다는 믿음이 굳건했다.

클러프는 노팅엄 포레스트Nottingham Forest의 주장인 스튜어트 피어스Stuart Pearce가 자만하는 것이 아닐까 걱정했다. 그 때문에 클러프는 팀 전체를 모아두고 첫 잉글랜드 경기에서 돌아온 피어스를 맞이했다. 선수들은 탈의실 한가운데에 비닐봉지가 있는 것을 보고 어리둥절해졌다. 뭔가 무거운 것이 들어 있는 것 같았다. 트로피 따위일 것으로 생각했던 그들은 깜짝 놀라고 말았다.

"우리 주장은 사기꾼이야." 클러프가 어리둥절해하는 그들에게 말했다.

"무슨 뜻입니까?" 당황한 피어스가 물었다.

"지난주 경기 프로그램 9쪽 왼쪽 하단에 광고가 하나 있었어. '스튜어트 피어스 전기**Stuart Pearce Electrics**' 자네가 설명해봐."

여전히 혼란스러운 피어스는 그것이 집안에서 하는 사업이며 사업에 보탬이 되고자 피어스의 이름을 사용하는 것뿐이라고 항의했다.

클러프는 그의 답에 만족하지 않았다. "내 아내 바버라가 그 번호로 전화를 하면 피어스 자네가 받나? 집에 전구가 나가면?" 피어스는 아니라고 분명 그의 형이 받을 것이라고 인정했다.

"그렇다면 자네는 사기꾼이지."

클러프는 비닐봉지를 들고 전기다리미를 꺼냈다. "아침 우리 바버라의 다리미가 고장 났어. 토요일까지 고쳐 와. 그렇지 않으면 자넨 경기에 못 나가."

클러프의 엄격한 방식(그리고 약간의 성차별)이 오늘날의 우리에게는 조금 불편할 수도 있다. 공평을 기하기 위해 말하자면, 피어스는 다리미를 고쳤을 뿐만 아니라 이후 포레스트에서 가장 출전 경력이 많은 선수가 되어 결국 그 팀의 감독이 되었다.

어쨌든 중요한 점은 현실에 안주하지 말아야 한다는 것이다. 속삭임을 통해서든, 구호를 통해서든, 고장 난 전기 제품을 통해서든 말이다. 현명한 기업은 이를 인식하고 나태함의 징후를 경계한다. 하지만 그런 안주가 외부에 자리하고 있다면 어떻게 해야 할까? 이것 역시 흔한 문제. 브랜드가 너무나 친숙해져서 청중이 브랜드를 당연하게 생각하는 것이다.

몇 년 전 우리는 D&AD와 작업을 했다. D&AD는 영국의 '디자인과 미술'을 알리기 위해 1962년에 설립된 비영리 단체다. 현재는 광고 업계 내에서 다양한 사업을 하는 세계적인 조직이 되었다. 무엇보다 유명한 것은 여기에서 수여하는 연필 모양의 상이다.

사실 많은 광고인이 D&AD를 가장 권위 있는 상이라고 말한다.

D&AD는 칸 광고제처럼 화려한 축제를 펼치지 않는다. IPA나 에피 어워드**Effie Awards**처럼 결과에 얽매이지도 않는다. 그렇다고 웨비 어워드**Webby Awards**처럼 현대적이지도 않다. 하지만 수여되는 상의 숫자가 너무 적기 때문에 모두가 탐을 낸다. 첫 시상식에서는 출품작 2,500편 중 단 16편에만 연필이 수여됐다.

문제는 이 상이 오래되다 보니 연필을 당연하게 여기게 되었다는 점이었다. 연필은 전 세계 여러 광고 대행사 사무실의 보관장 속에서 항상 그 자리에 놓여 있는 가구와 같은 취급을 받았다.

계속해서 새롭고 화려하고 받기 쉬운 상들이 등장하면서 D&AD는 응모작이 감소하고 있었다. 우리 기획안은 이런 추세를 반전하여 전 세계 광고계에 이 연필이 여전히 가장 신뢰할 수 있는 표준이라는 점을 상기시키는 것이었다.

그래서 우리는 그 연필들을 훔치기로 했다.

우리의 논리는 잃기 전까지는 귀중함을 모른다는 오랜 격언을 바탕으로 한 것이었다. 우리는 전 세계 광고 대행사에서 비서, 전 직원, 친구의 친구 등 공범을 구했다. 그리고 2016년 1월 11일 이 치밀한 계획범죄를 실행에 옮겼다. 샌프란시스코에서 케이프타운까지, 리오에서 멜버른까지 우리의 조력자들은 사무실로 숨어들어 보관장에 있던 수백 개의 연필을 훔쳐냈다.

그 후 며칠 동안 전 세계의 광고인들이 소중한 트로피의 행방을 찾기 시작했다. 걱정, 슬픔, 혼란, 분노 등 다양한 감정을 보였다. 직원들 사이에서 이메일이 바쁘게 오가기 시작했다(우리의 스파이들이 그 이메일을 전해주었다). D&AD로 전화가 왔다(우리는 그 전화를 녹음했다). 경찰에 신고가 들어갈 뻔한 적도 있었다(공범들이 상황을 진정시켰다).

나흘 후 피해자들은 더 이상한 일이 일어나고 있다는 것을 깨달았다. 소셜 미디어를 통해 다른 나라의 친구들 역시 당했다는 것이 알려졌다. 일이 감당할 수 없게 될 위기에 처하기 직전 우리는 이것이 공을 들인 장난이었다는 사실을 밝혔다.

이 일로 사람들은 연필이 얼마나 소중한지 다시금 깨달았고 그 결과로 D&AD의 출품작이 증가했다. 일에 관해서라면 편집증 환자라 할 만한 헬렌은 "그 일로 도취감에 빠지지 말자."라고 말했다. 새겨들어야 할 경고다.

# 4부

# 습관을 바꾸면 행운의 확률을 높일 수 있다

제프 베이조스에게는 행운의 부츠가 있다. 2016년에 친구가 선물한 것이다. 그는 블루오리진에서 우주선을 발사할 때마다 으레 이 부츠를 신는다. 그가 까먹고 부츠를 신지 않았던 때 블루오리진의 유일한 발사 실패가 발생했기 때문에 무척 신경을 쓴다.

이 부츠의 흥미로운 점은 라틴어로 그라다팀 페로키테르**Gradatim Ferociter**라고 새겨져 있다는 것이다. 이 말은 '한 걸음씩 담대하게'라고 해석된다. 베이조스는 한 인터뷰에서 이렇게 설명했다. "그것은 블루오리진의 목표다. 걸음은 건너뛸 수가 없는 법이다. 한 발을 내디디고 다른 발을 내디뎌야 한다. 일에는 시간이 필요하다. 지름길은 없다. 하지만 그 한 걸음 한 걸음을 열정과 담대함으로 내디뎌야 한다."

나는 이 표현이 퍽 마음에 든다. 많은 훌륭한 아이디어들이 그렇듯이 여기에는 명백한 긴장이 존재한다. 이 경우에는 불굴의 방법론적 접근법과 속도에 대한 조급한 욕구 사이의 긴장이 있다. 이것은 베이조스에게는 분명 효과가 있다. 이 책의 마지막 4부를 위한 무대를 마련해 준다.

이제 행운의 문화를 구축하는 것에 관한 이야기를 할 시간이다. 과정의 모든 단계마다 엄격함과 열정을 결합함으로써 성공의 확률을 높이는 문화에 대해 말할 것이다.

앞서 나는 이미 가진 것의 진가를 알고, 다른 곳에 있는 기회를 찾고, 불운을 행운으로 뒤바꾸는 일의 중요성을 탐구했다. 하지만 이런 것들은 수동적인 관찰에 머무를 위험이 있다.

자신이 가진 장점을 자랑스럽게 생각하고, 기회가 나타나기를 기다리고, 위기가 나타난 뒤에 거기에 대응하는 것만으로는 충분치가 않다. 대담한 투지를 갖고 앞서 제시된 원칙을 매일 실천해야 한다.

당신의 핵심 기술을 열심히 연마하는 것만으로는 충분치가 않음을 분명히 알아야 한다. 사실 나는 완벽에 대한 끊임없는 추구가 역효과를 낼 수 있음을 보여줄 것이다. 노력하지 말라는 이야기가 아니다. 행운의 실천을 위한 여지를 남겨두어야 한다고 말하는 것이다.

4부에서 나는 당신에게 유리한 쪽으로 확률을 높이는 행운의 습관들을 추천할 것이다. 꺾이지 않고 뻗어나갈 수 있는 목표 설정의 중요성에 관해 이야기할 것이다. 자신의 전장을 선택하고 규칙을 변칙적으로 적용하고 장애물을 제거해야 할 필요성을 강조할 것이다. 마법, 매력, 관대함, 임의적인 연결의 힘을 역설할 것이다. 그리고 마지막으로 행운이(불운과 마찬가지로) 디테일 안에 있다는 점을 상기시킬 것이다.

데뷔작으로『조이 럭 클럽』을 내놓았던 소설가 에이미 탄**Amy Tan**은 "행운을 좇음으로써 행운을 끌어당길 수 있다."라고 말했다. 마찬가지로 스티븐 킹은 "아마추어들은 앉아서 영감을 기다리지만 프로들은 자리에서 일어나 일을 하러 간다." 그들의 책에서 배움을 얻을 수 있다.

당신이 기다리고 있는 것은 무엇인가?

자, 일어나서 행운을 실천해보자.

# 31.
# 행운의 샷

영국의 크리켓 선수였던 에드 스미스**Ed Smith**는 『운: 행운에 대한 새로운 시각**Luck: A Fresh Look At Fortune**』이라는 뛰어난 책을 썼다. 그는 스포츠의 관점에서 기회라는 주제를 탐구했다. 대개 운을 바꿀 수는 없다고 믿는 것 같긴 하지만 그 과정에서 당신에게 조금은 희망이 될 만한 스토리를 전한다.

그 이야기는 골프 선수 콜린 몽고메리**Colin Montgomerie**에 관한 것이다. '몬티'는 유러피안 투어에서 통산 31회 우승을 거뒀다. 영국의 어떤 선수보다 많은 수다. 그런데 이 책의 주제에 더 적합한 것은 그가 유러피언 투어에서 다른 어떤 선수보다 많은 홀인원(무려 9개)을 기록했다는 점이다. 스미스는 몽고메리가 성장한 지역에서 그리 멀지 않은 글렌이글스 코스에서 그를 만나 성공의 비결을 물었다. 라이더 컵 우승자이기도 한 몬티는 상대방을 무장 해제시키는 솔직함으로 이렇게 대답했다.

"지름 1.68인치(약 4.27센티미터)의 공을 쳐서 200야드(약 182.88미터) 떨어진 지름 4.25인치(약 10.8센티미터) 컵에 한 번에 넣는 거요? 거기에는 확실히 운이 필요해요. 홀인원 되는 공에 어떤 일이 일어나는지 생각해보세요. 바람을 뚫고 날아갑니다. 땅에 튕기고요. 잔디 위를 굴러갑니다. 공의 튕김이나 잔디 위에서 공의 움직임을 모두 통제할 수는 없어요. 공을 홀 가까이에 치는 것은 기술이지만 홀에 넣는 데는 운이 필요하죠."

에드 스미스는 이것을 주된 논지의 증거로 들었다. 삶에는 당신이 통제할 수 있는 것들이 있는 반면에 그럴 수 없는 것들이 있다. 물론 전반적인 면에서는 나도 여기에 동의한다. 명백히 참이다. 하지만 잠깐만. 나는 이 스토리의 정말 흥미로운 부분은 다음에 나온다고 생각한다. 몬티가 프로 골퍼들은 홀인원을 목표로 하지 않는다고 설명하는 부분이다. 대신 공을 홀 아래 1피트(약 30.48센티미터) 정도에 두려고 노력한다.

이렇게 되면 오르막으로 쉽게 퍼팅할 기회가 생기는 반면 지나치게 정확히 홀을 공략하면 공이 결국 더 어려운 내리막 샷을 해야 하는 홀 위쪽에 위치할 위험이 있다. 이 때문에 몽고메리는 대부분의 홀인원(그의 추정에 따르면 9번의 홀인원 중 7번을 포함한)은 빗나간 샷이 요행으로 홀에 들어간 것이라고 말한다. 모든 골퍼가 그렇듯이 그도 당시에는 홀인원이 기뻤다. 하지만 실제로 라운딩, 토너먼트, 또는 선수 생활을 거쳐 온 지금은 홀을 약간 빗겨서 겨냥하는 것이 더 결과가 좋다는 점을 알고 있다.

다른 골퍼인 맨슬 데이비스Mancil Davis의 스토리도 이 이론을 뒷받침하는 듯하다. 몬티와 달리 데이비스라는 이름은 들어본 적이 없을 것이다. 하지만 이 텍사스 출신의 전 프로 골퍼는 놀랍게도 선수 생활 동안 51개의 홀인원을 기록했다. 그는 일반적인 통념을 무시하고 바로 깃발을 겨냥함으로써 이런 기록을 냈다. 문제는 당장 완벽을 추구하는 이런 접근법 때문에 실수가 잦았다는 데 있다. 그 때문에 데이비스는 뛰어난 선수가 되지 못했고 그의 명성('에이스의 제왕King of Aces')은 사소한 골프 정보에 관심을 두는 팬들 정도만 알 뿐이다.

나는 두 골퍼의 커리어 차이에 관심이 생겼다. 홀과 가까운 아래쪽을 공략하는 것이 완벽(홀인원을 목표로 하는 것)을 추구하는 것보다 지속적인 성공을 위해 더 효과적인 길임을 시사하기 때문이다. 결정적으로 나는 이런 교훈이 비즈니스 세계에도 잘 적용된다고 생각한다.

일을 대충하거나 창작의 목표를 낮게 잡으라고 주장하는 것이 아님을 여기서 분명히 밝혀둔다. 우리는 위대함을 목표로 해야 하며 끊임없이 최선을 다해 아이디어를 발전시켜야 한다.

그렇지만 완벽의 추구가 역효과를 내는 시점이 온다. 예를 들어 연구 중이기 때문에, 마무리 중이기 때문에, 이사회에서 검토 중이기 때문에 아무것도 만들지 않는 문화가 나타나면서 사기를 꺾을 수 있는 것이다. 이는 불필요한 지연으로 이어질 수 있고 그사이 경쟁업체가 그것을 기회로 이용할 수도 있다. 아이디어를 지나치게 보호하는 나머지 실제에서의 시험을 막아 학습의 기회를 놓칠 수도 있다.

완벽 추구를 변명으로 사용하는 조직들이 실제로 있다. 아무것도 하지 않으면서 그것을 더 나아지려는 욕망으로 위장하는 것이다. 개선과 완벽한 마무리를 추구한다는 데 반대하기는 어렵다. 대충한다는 인상을 주기 때문이다. 물론 한 번 더 연구를 의뢰하고 주주 몇 명의 지지를 더 구하고 대본을 한 번 더 보는 것은 잘못이 아니다.

이런 자칭 완벽주의자들은 연마하고 수정하고 변경할 작정이라는 말로 다른 사람을 안심시킨다. 그러나 실제로는 그저 다듬어지지 않은 아이디어의 가장자리를 벗겨내는 경우가 많다. 예쁜 돌을 집어다가 사포로 먼지가 될 때까지 갈고 있는 셈이다.

내 동업자 대니는 이런 짓을 유난히 싫어한다. 대니는 터무니없을 정도로 기준이 높은데 또한 전설적인 크리에이티브 디렉터 폴 아덴**Paul Arden**을 인용하는 것도 좋아한다. 폴 아덴은 "훌륭한 아이디어란 만들어지는 것이다. 만들어지는 것이 아니라면 훌륭한 아이디어가 아니다."라고 조언한 적이 있다. 달리 표현하면 100% 완벽하게 만들 수 있다는 희망으로 아이디어를 비밀로 두는 것보다 80~90% 완성된 아이디어를 내놓는 것이 훨씬 낫다.

또 다른 스포츠계의 우상인 리버풀의 빌 샹클리**Bill Shankly**도 같은 의견이었다. 그가 키운 선수들은 멋진 골을 많이 성공시켰지만 그는 오히려 지나치게 복잡한 움직임을 피하라고 조언했다. 모든 조건이 완벽해지기를 기다리거나 공을 위쪽 구석에 놓으려고 노력하지 말라고 했다. 대신 그는 선수들에게 이렇게 말했다. "박스 안에 있고 공으로 뭘 해야 할지 모르겠다면 골대에 넣어라. 그때의 옵션에 대해서는 이후에 논의하자." 다시 말하지만 이것은 완벽보다는 성과에 가치를 두는 철학이다.

정교한 작전에 몰두해 교과서에서 빠져나온 듯한 플레이를 보여주지만 막상 결과는 초라한 현대 축구팀들이라면 여기에서 가르침을 얻을 수 있을 것이다. 마케터들도 마찬가지다. 종종 홀인원을 기록하거나 아름다운 골을 성공시키는 것도 분명 좋은 일이다. 하지만 토너먼트에서 이기고 싶다면 그린에서의 퍼팅과 6야드 박스에서의 50% 찬스를 우선하라.

---

### ⊶ 럭키 시크릿 ⊷

**따분한 교훈**
언제나 모든 것에서 완벽을 목표로 하라.

**행운이 전하는 조언**
100%를 위해 기다리다가는 역효과를 낼 수 있다.

**행운을 부르는 질문**
90%에 빠르게 도달한 다음 100%를 실현할 방법은 무엇일까?

---

## 32.
# 행운의 이름

새터데이 나이트 라이브에서 현대 마케팅을 재치 있게 다룬 촌극이 있었다. 물론 업계를 칭찬하는 내용은 아니었다.

두 광고 대행사가 치토스의 슈퍼볼 광고를 따내기 위해 경쟁 PT를 한다. 먼저 머피 앤드 케네디**Murphy & Kennedy**(알렉 볼드윈**Alec Bald-win**과 에이디 브라이언트**Aidy Bryant**가 연기한)가 나선다. 그들은 믿기 어려울 만큼 솔직하고 진심을 담아서 성실하게 발표한다.

"광고 영상의 첫 장면에는 어린 이민자 소녀가 등장합니다. 그녀는 먼지투성이에 지쳐 있습니다. 먼 길을 왔거든요. 그녀가 위를 올려다보는데 거기에는 벽이 있습니다. 어떻게 그 상황을 극복할까요? 위에서 한 소년이 나타나 밧줄을 내려 줍니다……. 밧줄은 미국 국기로 만들어져 있습니다. 그녀는 줄을 잡고 벽을 오릅니다. 그녀는 처음으로 자신의 새로운 나라를 봅니다……. 그리고 눈물을 흘립니다. 장면이 치토스로 전환됩니다."

과자에 대한 광고로는 지나치게 부풀려져 있다. 하지만 클라이언트는 그 기획을 몹시 좋아한다. 반면에 A.K. 포스터(카일 무니Kyle Mooney와 멜리사 빌라세노르Melissa Villaseñor가 연기한)의 기획안은 몹시 싫어한다. 그들은 제품 판매를 위해 훨씬 더 식설적인 제안을 했는데도 말이다.

두 대행사는 몇 차례에 걸쳐 치열하게 경합을 벌인다. 머피 앤드 케네디의 아이디어는 점점 더 우스꽝스러워진다. "카메라는 챙이 넓은 모자 솜브레로sombrero를 쓴 멕시코 남자를 잡습니다. 그가 솜브레로를 벗습니다. 그 밑에는 무슬림 여성이 있습니다. 그 무슬림 여성이 히잡을 벗습니다. 그 밑에는 유대인이 있습니다. 그 유대인 남자가 야물크yarmulke*를 벗는데 그 밑에는 치토가 있습니다." 클라이언트는 여전히 A.K. 포스터의 양식 있는 기획보다 머피 앤드 케네디의 터무니없는 생각을 선호한다.

결국 머피 앤드 케네디는 '배우도, 메이크업도, 대사도, 소품도, 의상도, 카메라도…… 치토스도 없는' 광고를 공유한다. 마케터들은 열광한다. 매디슨가**로 옮겨진 '벌거벗은 임금님'이다.

코미디언들이 토요일 밤 황금시간대에 당신의 업계를 조롱하기 시작했다면 업계에 큰 문제가 있다는 것을 깨달아야 한다. 이 프로그램에서는 브랜드 목적이라는 이상에 휘둘리는 광고계를 조롱의

---

\* 유대인 남자들이 정수리에 쓰는 작은 모자
\*\* 미국 광고 업계를 이르는 말

대상으로 삼고 있었다.

이 개념은 1994년 제임스 콜린스와 제리 포라스가 『성공하는 기업들의 8가지 습관』을 출간하면서 탄생했다고 할 수 있다. 큰 영향력을 끼친 이 책은 세계에서 가장 성공적인 기업들이 비핵BHAG, 즉 크고Big 대담하고Hairy 도전적인Audacious 목적Goal에 의해 움직이고 있다고 주장했다.

애초에 콜린스와 포라스가 인용한 사명의 대부분은 대단히 상업적이고 업계를 지배하거나 경쟁업체를 밀어내는 것과 같은 목적과 연관되어 있었다. 그런데 시간이 흐르면서 그 아이디어는 눈덩이처럼 불어나 더 중대하고 사회적인 야심까지 떠안았다. 그 결과 사명은 세계 평화나 박애를 이루어내는 영역까지 아우르게 됐다. 비핵BHAG이 아니라 비웹BWAG, 즉 크고Big 혼란스럽고Woolly 무정형적인Amorphous 목적Goal이 된 것이다.

물론 나는 고무적인 목적에 브랜드의 성공 가능성을 개선하는 힘이 있다고 믿는다. 오틀리부터 코-옵, 디즈니, 호스텔월드까지 바로 그런 목표하에 움직인 여러 기업에 대해서도 이미 언급했다. 하지만 크고 대담한 그들의 발자취를 따르기에 앞서 신중히 당신이 제안한 브랜드 목적이 핵심 기준에 들어맞는지를 확인하라.

첫째, 사명은 조직적 진실organisational truth에 기초해야만 한다. 창립자의 의도를 정직하게 묘사하는 사명이라면 이상적이다. 예를 들어 와비 파커Warby Parker는 '좋은 안경, 좋은 결과'라는 사명을 내세울 자격이 있다. 그들은 처음부터 안경 하나를 판매할 때마다 비영리 단체에 안경 하나씩 기부해왔기 때문이다. 목적이 새롭게 추가된다면, 그 추가된 목적에 조직의 현재 가치관과 행동을 정확히 반영해야 한다. 많은 기업이 목적 중심 마케팅을 시도하고 있기 때문에 진실을 숨기기보다는 정확하게 보여주어야 한다.

둘째, 목적을 적절하게 홍보해야 한다. 직원과 고객에게 영감을 불어넣을 정도로 충분히 야심 찬 것이어야 한다는 뜻이다. 하지만 너무 고매해서 제품과의 모든 연관성을 잃을 정도여서는 안 된다. 예를 들어 BBC는 '사람들의 삶을 풍성하게' 만들겠다고 주장해도 받아들일 만하다. 그들은 '정보와 교육과 즐거움을 주는 프로그램과 서비스'를 제공하기 때문이다. 하지만 대부분의 브랜드는 이런 목적이 과장이 될 수 있다. 그래서 고차원적인 혜택을 약속하기에 앞서 흥분을 조금 가라앉히는 편이 현명할 것이다.

셋째, 그 목적이 특색 있는 언어로 표현되어야 한다는 것이다. 목적을 표현하는 모든 단어가 개별 조직의 명확한 동기를 포착하는 것임을 생각할 때 그 단어들이 모두 비슷하다는 것은 이상한 일이 아닐 수 없다.

이 전략은 보통 '사람들을 화합시키는' 혹은 '인간에게 권능을 부여하는'과 같이 진부한 주제를 기반으로 한 과장된 선언으로 표현된다. 이런 광고들은 똑같은 어조(지나치게 감상적이고 영감을 허위로 꾸며내는)를 사용한다. 심지어 피아노곡, 사회적 실험, 일반 시민들이 등장하는 삽화나 영상 등을 통한 제작 기법도 서로 구분이 어려울 정도로 비슷하다. 채널4와 같이 '마찰을 일으키는 것'이란 아이디어에 집중한다는 독창적인 사명을 내세우는 것이 훨씬 낫지 않을까?

마지막으로, 브랜드 목적은 전략적인 마케팅의 일부가 아니라 조직 전체의 장기적인 책무여야 한다. 예를 들어 셀러브리티 크루즈는 진보의 힘과 사람들의 시야를 넓히는 여행의 능력을 믿는다. 그들은 광고에서만 이것을 생생하게 보여주는 것이 아니다. 여성 선장과 여성 엔지니어를 옹호하고 LGBTQ+의 결혼식 분야를 개척하고 인종차별주의자 승객을 내쫓는 등의 일을 한다.

이 회사의 사장이자 CEO 리사 루토프-페를로Lisa Lutoff-Perlo(대형 유람선 회사를 경영하는 최초의 여성)가 말하듯이 이것은 일회성 캠페인이 아니라 '우리가 매일 하는 일'이다.

이 모든 기준을 충족한다면 당신은 분명 행운아다. 당신은 진실하고 적절하고 독특하고 장기적인 사회적 목적이 있다. 당신은 그것을 이용해서 조직 전체에 활기를 불어넣고 잠재 고객에게 영감을 줄 수 있다.

하지만 그렇지 않다고 해도 실망할 필요는 없다. 사회적 목적은 특효약이 아니다. 그런 식으로 사회적 목적을 이용하는 조직은 결국 제 발등을 찍게 된다. 직원들이 믿지 않는, 고객들이 터무니없다고 생각하는 거짓된 사명을 만들기보다는 목적을 바로잡아야 한다.

예를 들어 마텔은 '오늘도 내일도 최고의 장난감 브랜드'가 되기 위해 존재한다. 노드스트롬은 '고객들에게 가능한 최고의 쇼핑 경험을 제공하기 위해', 출발했다. 아메리칸 익스프레스는 '세계에서 가장 좋은 평가를 받는 서비스 브랜드'가 되기 위해 노력한다. 모두 대단히 야심 찬 목적이다. 하지만 그들은 더 직설적인 상업적 언어로 표현되어 있다. 그것도 괜찮다.

내 마음에 쏙 드는 사명 선언은 테드TED의 것이다. 그들은 '아이디어를 전파하라.'라는 두 단어에 자신들의 사명을 멋지게 담아내고 있다.

브랜드 목적은 치토스의 모양과 크기가 제각각이듯이 형태와 무게가 제각각이다. 마케터들은 그에 적합한 말을 퍼뜨려야 한다.

---

#### ⤲ 럭키 시크릿 ⤲

**따분한 교훈**
모든 조직은 고매한 사회적 목적을 가져야 한다.

**행운이 전하는 조언**
영감을 주는 데는 다양한 방법이 있다.

**행운을 부르는 질문**
직원들이 매일 잠자리에서 일어나는 이유는 무엇일까?

---

**33.**
**행운의 수영**

1958년이었다. 니키타 흐루쇼프**Nikita Khrushchev**는 베이징에서 마오쩌둥**Mao Zedong**과 만날 예정이었다. 공산주의 우방국으로서 친선 방문처럼 보였지만 사실 두 정상은 사이가 좋지 않았다. 그들은 이념과 외교 정책 모두에서 의견이 달랐다. 이런 차이가 세계의 공산화라는 공동의 바람을 망칠 위험이 있었기 때문에 문제를 철저히 논의하기 위한 회의가 필요했다.

소련 제1서기 흐루쇼프는 회의를 준비하면서 협상에서 자신이 점유한 위치에 대단히 자신감을 느꼈다. 그럴 만도 했다. 지난 2년 동안 그는 헝가리 혁명을 진압하고 수에즈 위기에서 승자로 부상했다. 또한 최초의 인공위성 스푸트니크 발사로 세상을 놀라게 했다. 흐루쇼프는 권력의 정점에 있는 상태에서 회담에 오고 있었던 것이다.

반면 마오는 불리한 입장이었다. 중국은 러시아와의 관계에서 여전히 한 수 아래였고 관례에 따라 논쟁을 벌인다면 나가떨어지게 될 상황이었다. 그 사실을 누구보다 잘 알고 있는 마오는 상대를 곤경에 빠뜨리기로(그의 표현대로라면 '그의 엉덩이에 바늘을 꽂기로') 결정했다.

외교 역사에서 유례를 찾아볼 수 없는 사건이 일어났다. 회담 장소에 도착한 소련인들은 마오가 장소를 중난하이의 개인 수영장으로 바꿨다는 것을 알게 됐다. 당연히 흐루쇼프는 이 상황에 어리둥절했지만 수행원들과 목적지를 바꾸었고 그는 차 안에서 자신이 관철하려는 주장을 되뇌었다.

흐루쇼프는 수영장에 도착해 이상한 일이 일어나고 있다는 것을 깨달았다. 마오는 가운 차림이었고 상대에게는 잘 맞지 않는 수영복을 건넸다. 흐루쇼프는 굴욕감을 느꼈다. 그는 몸매가 형편없는 데다 수영도 하지 못했다(마오는 이 사실을 잘 알고 있었다). 하지만 체면을 잃지 않기 위해 라이벌을 따라 물속으로 들어갔다.

흐루쇼프는 잠깐 수영하고 공식 협상에 들어가리라 생각했다. 하지만 그렇지 않았다. 큰 착각이었다. 흐루쇼프와 달리 마오는 체격이 좋았고 수영을 매우 잘했다(이후 72세의 나이에 세계 기록을 깼다고 주장하기도 했다). 상대를 수영장 끝의 얕은 곳에서 첨벙거리게 놓아둔 채 그는 힘도 들이지 않고 수영장을 왔다 갔다 했다. 그는 헤엄을 치면서 어깨너머로 요구 사항을 외쳤고 소련의 통역관들은 수영장 옆을 따라 뛰면서 망신을 당하고 있는 상관에게 그 내용을 보고

했다.

협상 테이블은 없었다. 그곳이 협상장이었다.

흐루쇼프는 더 이상 지구상에서 가장 힘 있는 사람처럼 보이지 않았다. 간신히 물 밖으로 목을 내밀고 있는 작고 통통한 아저씨일 뿐이었다. 반면에 마오는 의기양양했다. 그는 모든 논쟁에서 이겼고 라이벌에게 어린이용 튜브 한 쌍을 건네는 방식으로 약을 한껏 올리며 승리를 가져갔다. 일부 역사학자들은 소련 종말이나 중국 부상의 기원을 바로 이 순간으로 기록한다.

이 스토리는 골대 자체를 옮김으로써 훨씬 강한 상대를 물리칠 수 있다는 것을 상기시킨다. 우리는 다른 사람들이 전장을 좌우하도록 놓아두는 때가 너무나 많다. 그들의 규칙에 맞춰, 그들이 정한 시간에, 그들의 경기장에서 싸운다. 그들의 주장에 대한 우리의 의견을 말한다. 문제는 더 강한 상대가 배경을 선택하고 어젠다를 정할 때는 우리가 이기기 힘들다는 것이다. 마오처럼 싸움의 장소를 완전히 다른 곳으로 옮겨야 한다.

리처드 브랜슨은 항상 이 점을 잘 파악하고 있다. 그와 우리가 버진홀리데이의 '록스타 서비스'라는 아이디어를 만들었다는 이야기는 이미 언급했다. 록스타 서비스라는 아이디어는 수평적 사고의 전형이었다. 우리는 6성급 서비스로 5성급 서비스를 이기려 하지 않고, 전장을 버진만이 이길 수 있는 완전히 다른 영역으로 옮겼다.

이번에는 브랜슨 제국의 다른 부문과 일했던 이야기를 하려 한다. 글을 쓰는 지금 버진애틀랜틱은 격변을 경험하고 있다. 하지만

1990년대 말에는 숙적인 영국항공을 쉽게 따돌리고 있었다. 브랜슨은 항공 업계에 대한 경험이 전혀 없는 상태에서 1984년 항공사를 설립했다. 내가 광고계에 발을 들여놓은 1997년에 버진애틀랜틱은 거침없는 도전자 브랜드로 자리를 잡았다. 특히 브랜슨은 대형 라이벌과 정면 승부를 피하고 우회 공격을 하는 데 능했다.

그는 이코노미에 좀 더 나은 좌석을 만드는 대신 승객들이 아이스크림을 먹으며 영화를 볼 수 있는 서비스를 내놓았다. 마찬가지로 퍼스트클래스, 비즈니스클래스라는 보통의 규칙을 따르는 대신 어퍼클래스**Upper Class**('비즈니스클래스 가격에 퍼스트클래스의 서비스')를 도입했다. 어퍼클래스는 비즈니스 여행자들을 위한 더 나은 시설을 추가하는 것으로만 그치지 않았다. 그는 기사 서비스와 드라이브스루 체크인은 물론 기내 바와 마사지 옵션을 내놓았다. 심지어 소금과 후추 용기(밑면에 '버진애틀랜틱에서 훔쳐 온'이라는 메시지가 각인된)를 이용해 승객들을 기쁘게 했다.

영국 항공은 여전히 훨씬 큰 항공 노선망, 더 나은 로열티 프로그램, 전문적인 서비스를 보유하고 있는데도 구식에 상상력이 부족하다는 이미지에 묶여 있었다.

"영국항공에서는 일본 전통 마사지의 지압인 시아츠**しあつ**를 해주지 않아."

우리가 한 광고에 넣은 문구다. 그리고 국영 항공사가 앞서려 할 때마다 브랜슨은 옆으로 물러나 화제의 중심을 다른 곳으로 옮겨놓았다.

나는 네덜란드 암스테르담 스히폴 공항의 격납고에서 그가 더블 침대를 공개하는 것을 목격했다. 그가 일으킨 대부분 혁신과 달리 이것은 완벽한 쇼였다. 영국항공이 클럽월드 객실을 재출시하는 데 초를 치기 위해 꿰어맞춘 것일 뿐이었다. 클럽월드에는 최초의 평판형 침대가 포함되어 있었고 브랜슨은 그것을 이길 수 없다는 것을 알았다. 그 때문에 제품에 대해 지는 싸움을 하느니 이길 것이 분명한 홍보 전쟁을 벌인 것이다.

그는 불러모을 수 있는 기자란 기자는 다 모아서 비행기에 태워 암스테르담으로 보냈다. 그리고 '고도 1마일 클럽'*이라는 헤드라인을 던져주었다. 세련되고 수준 높은 방식은 전혀 아니었다. 하지만 『캠페인』의 편집자가 지적했듯이 그것은 엄청난 양의 보도를 끌어낸 '홍보의 마스터클래스'였다.

그동안 런던에서는 영국항공의 CEO 밥 아일링**Bob Ayling**이 한 시영 시설에서 클럽월드의 출시를 발표하고 있었다. 그는 정장 차림으로 진지한 혁신에 관해 이야기하고 있었다. 하지만 지켜보는 사람은 아무도 없었다. 베이징 수영장의 얕은 물에서 어린이용 튜브와 특대 사이즈의 수영복을 입고서 첨벙거리고 있는 편이 낫지 않았을까?

---

* 고도 1마일 상공에서 섹스하면 회원 자격을 얻는다는 가상의 클럽

**따분한 교훈**
전장은 시장의 리더가 선택한다.

**행운이 전하는 조언**
수평적 사고를 하라. 그리고 전장을 당신이 선택한 곳으로 옮겨라.

**행운을 부르는 질문**
우리 브랜드의 진정한 사명은 무엇일까?
우리에게 더 적합한 장소로 전장을 옮길 수는 없을까?

## 34.
## 행운의 속임수

2020년 6월 20일 도널드 트럼트 대통령은 오클라호마 털사에서 집회를 열었다. 그의 기준에 비춰봐도 선동적인 행동이었다. 이도시는 아프리카계 미국인들을 대학살한 장소로 악명 높았고 바로 전날은 오클라호마주의 흑인 해방 기념일이었다. 조지 플로이드 **George Floyd** 살해의 결과로 긴장이 고조되고 코로나19가 전국을 강타한 상황이었다. 트럼프는 입장을 무료로 하고 엄청난 인파가 올 것으로 예측하면서 불길에 기름을 붓고 있었다.

6월 15일 트럼프는 1만 9,000명을 수용할 수 있는 장소에 티켓을 원하는 사람들이 '거의 100만 명'이었다고 뽐을 냈다. 하지만 닷새 후 그곳에 나타난 사람들은 약 6,200명뿐이었다.

이후 이런 대규모 노쇼 뒤에 트럼프에게 물을 먹이려는 계획이 있었다는 것이 드러났다. 참석하려는 생각이 전혀 없는 수천 명의 틱톡 이용자와 K팝 팬들이 무료 티켓에 달려든 것이다.

사실은 정반대였다. 그들은 기대를 한껏 높였다가 큰 실망을 안겨 대통령에게 창피를 주고자 했다. 행사장에 혼자 서 있는 트럼프를 보겠다는 바람은 이루어지지 않았다. 하지만 전 세계 사람들에게 오클라호마 은행 센터의 비어 있는 푸른 좌석들은 마땅한 벌로 보였다.

영화감독 에드 모리스**Ed Morris**는 이 일을 10대들이 '어떤 브랜드보다 몇 광년 앞서' 아이디어를 만들고 있다는 증거라고 일컬었다. 나는 이런 견해에 깊이 공감한다. 「행운의 수영」 부분에서 언급했듯이 젊은이들은 우리가 성장 과정에서 익힌 통념에 방해를 받지 않는다. 그들은 규칙대로만 하지 않는다. 최소한 법 정신을 따르지는 않는다. 그렇게 해서 이런 일이 일어난 것이다. 10대들이 한 일에는 불법적인 것이 전혀 없었다. 약관을 자신들에게 유리하게, 의외의 방식으로 이용했을 뿐이다.

그렇긴 해도 모든 브랜드가 뒤져 있다고 말할 수는 없을 것 같다.

몇 년 전 우리는 베팅 업계의 이단아인 패디파워**Paddy Power**(현재는 세계 최대 온라인 베팅 기업인 플러터**Flutter**의 일부)와 많은 작업을 함께 했다. 패디파워 지도부는 자신들이 도박 사업이 아니라 엔터테인먼트 업계에 있다고 생각했다. 창립자 중 한 사람인 스튜어트 케니**Stewart Kenny**는 이렇게 말하곤 했다. "우리는 당신 돈을 가져가지만 당신에게 웃음도 줍니다."

짐작이 가겠지만 이런 시각은 지극히 독특한 기업 문화를 만들었다.

그 중심에 있는 것이 장난부Mischief Department다. 이 부서가 맡은 유일한 임무는 스포츠계를 조롱하고 거기에서 논란을 일으키는 것이었다. 우리는 그들과 온갖 장난을 구상했다. 축구장 밖에 그 지역 라이벌 팀 축구 감독들의 동상을 세우고, 피파FIFA 인수를 위한 입찰을 시작하고, 큰 시합이 있기 전 외국 대사관 사이트에서 분탕질했다. 심지어 덴마크의 한 동물원에서 살처분될 위기의 기린을 구해 영국 경마에 내보낼 계획도 세웠다(우리는 기린이 근소한 차이로 우승하리라 확신했지만 결국 허락을 받아내지 못했다).

어쨌든 2014년 초의 어느 날 패디파워의 장난부 부장(그 어떤 직책보다 근사한 직책이라는 데 우리 모두 동의했다)인 해리 드로미Harry Dromey가 연락을 해왔다. 해리는 엄청난 창의적인 끝내주게 재미있는 사람이다. 그리고 그에게는 아직 설익은 생각이 하나 있었다. 그의 무모한 아이디어 중에서도 최고라 할 수 있는 것이었다. 그해 여름 브라질에서 월드컵이 개최될 예정이었고 잉글랜드는 아마조니아의 심장인 마나우스에서 첫 경기를 치르게 되어 있었다. 패디파워는 이 대회와 공식적인 관련이 없었다(패디파워는 규칙대로 계약하고 공식 후원사가 되는 것보다 늘 불시에 행사에 끼어드는 것을 선호했다). 하지만 이 대회는 회사 역사상 가장 큰 홍보의 기회가 될 것으로 예상됐다. 해리는 이 귀중한 열대 우림에 메시지를 새겨 넣었다는 속임수로 시선을 끌 수 있지 않을까 생각했다.

우리는 복잡한 감정을 느꼈다. 한편으로 이 방법이 분명 헤드라인을 장식할 것이란 점은 인정했다. 하지만 다른 한편으로 이목을 끌기 위한 이런 일이 알맹이가 없는 것처럼 보일 위험도 있었다.

우리는 장난에 사명을 결합해야 할 필요성에 관해서 이야기했다. 분노를 유발하는 자체만이 아니라 결과적으로 좋은 일을 하기 위해서라는 의미가 필요했던 것이다. 우리는 주목받기 위해 어떤 일이든 하는 곳으로 페디파워의 이미지를 굳히기보다는 정말로 사람들을 놀라게 할 더 흥미로운 스토리를 전달할 방법이 있는지 생각했다. 해리는 그 의미를 파악하고 마음에 들어 했고 우리는 작업을 시작했다.

2014년 6월 6일 금요일. 우리가 그날을 선택한 것은 잉글랜드의 첫 경기 일주일 전이었기 때문이다. 모든 선수가 훈련 캠프 안에 있어서 뉴스거리가 부족한 시기였다. 그날 밤 우리는 흔적을 추적할 수 없게 주의를 기울이면서 다크 웹에 몇 장의 사진을 흘렸다. 그 사진들은 헬기에서 열대 우림을 찍은 것처럼 보였다. 숲에는 '잉글랜드 파이팅! PP'라는 거대한 글자가 새겨져 있었다.

정말 충격적인 장면이었다. 그리고 그래야 마땅했다. 우리가 지난 두 달 동안 세계 최고의 특수 효과 전문가들의 도움으로 만든 가짜 이미지였기 때문이다.

이 사진들이 우리가 처음 이미지를 심은 마이크로블로그에서 흘러나가기까지 시간이 좀 걸렸다. 어떤 출처들은 흐지부지되었고 불꽃조차 일으키지 못한 곳도 있었다. 하지만 다음 날 오후(미국인들이 일어나서 레딧을 하는 시간)가 되자 이 스토리가 소셜 미디어를 도배하기 시작했다. 몇 시간 후 우리는 트위터 폭풍의 한가운데 서게 됐다.

전문가들이 달려들어 사진이 진짜인지 확인했다(전문가들을 통해 올바른 나무의 종류, 사진을 촬영한 헬기의 고도, 태양의 위치를 고려한 것이 다행이었다).

환경 단체들이 혐오감을 드러냈다(우리는 "그리 많은 나무를 베지는 않았다!"라고 답했다). 살해 위협까지 받았다(우리가 "클라미디아Chlamydia*로 죽기를 바란다"고 말한 환경 운동가가 기억에 남는다. 의학적으로는 가능성이 없지만 구체적인 것만큼은 감탄스럽다고 생각했다).

24시간 동안 불길에 부채질한 후 우리는 일요일에 진실을 밝혔다. 우리는 열대우림을 훼손한 적이 없으며 사실 열대우림 훼손에 대한 인식을 높이고 싶었다고 말이다. "90분마다 축구 경기장 122개 크기의 숲이 사라지지만 아무도 신경을 쓰지 않습니다." 그 후 사람들을 그린피스로 이끌었다. 하루 전에는 우리를 질책하던 환경 운동가들이 이제는 우리 월급을 올리고 기사 작위를 주라고 요구했다(둘 다 이루어지지 않았다).

해시태그 셰이브더레인포레스트#ShavetheRainforest(열대우림을 깎다)는 3,500만 회의 트위터 참여수를 기록했고 패디파워는 가장 많이 언급된 브랜드가 되어 월드컵을 시작할 수 있었다. 우리의 커리어에서 가장 무서운 주말이었다. 하지만 좋은 의도의 속임수로 지구상에서 가장 큰 위협 중 하나에 이목을 모았다. 모든 마케터가 여기에서 한두 가지 속임수를 배울 수 있지 않을까?

---

* 성병 균의 일종

**35.**
# 행운의 신발 끈

패디파워에 대해서 좀 더 이야기하자면 '사명과 장난'이 활약한 또 다른 사례가 있다. 해시태그 세이브더레인포레스트 몇 개월 후 우리는 패디파워의 CMO와 정말 흥미로운 대화를 나눴다.

크리스천 울펜든Christian Woolfenden은 여러 가지 면에서 이 이상한 회사에서 일할 것 같지 않은 사람이다. 그는 훨씬 더 보수적인 회사인 프록터앤드갬블에서 회계사로 커리어를 시작했다. 그가 종종 이야기하듯이 도박을 하는 사람들과 일을 할 때는 수학이 쓸모가 있다.

이번에 우리는 영국 축구의 동성애 혐오에 반대하는 캠페인에 관해 이야기하고 있었다. 선도적인 LGBTQ+ 자선단체인 스톤월과 협력해 1년 전부터 이 캠페인을 해온 상태였다. 영국의 모든 프로 축구 선수들에게 무지개색 신발 끈을 보내고 LGBTQ+ 동료들을 지지한다는 의미로 그 끈을 착용해달라고 요청하는 것이었다.

당시 레인보우 레이스Rainbow Laces(무지개색 신발 끈) 사업은 예산이 무척 적었다(젊은 홍보팀원 개리스와 마틴은 광고 문안을 만들면서 봉투에 신발 끈을 넣는 일까지 직접 했다). 이 캠페인은 축구계에서 초기 저항에 부딪히기도 했다. 하지만 2년째에는 많은 다른 브랜드가 동참하고 싶어할 정도로 성공했다.

우리가 논의하고 있던 문제가 이것이었다. 다른 브랜드의 참여 요청을 받아들여야 할까? 패디파워가 여러 노력을 기울여 기반을 닦아놓은 캠페인이었으니 전형적인 답은 정중한 거절이었다. 하지만 크리스천의 계산은 달랐다. "저라면 용의 꼬리가 되느니 뱀의 머리가 되겠어요."

이런 식의 사고로 그해 40개 브랜드(그리고 72개 축구 클럽)가 후원에 참여했다. 6년 후 레인보우 레이스는 영국 축구 전체가 지지하는 연례 캠페인이 되었다. 웸블리 경기장의 아치는 무지개색으로 빛났고 무지개색 신발 끈은 영국 인기 시트콤의 줄거리가 되었다. 패디파워는 여전히 참여하고는 있지만 캠페인의 통제권은 사실상 일반 대중에 넘긴 상태다. 그 결과로 패디파워는 엄청나게 좋은 평판을 얻었다.

나는 이것이 행운의 역설을 보여준다고 생각한다. 행운은 다른 사람들과 나눔으로써 더 커질 수 있다는 것이다. 승리의 혜택을 독차지하고 싶은 유혹이 들겠지만 사실은 퍼뜨릴수록 더 많은 것을 얻을 수 있다.

이제 브라질로 돌아가보자. 이번에는 열대우림이 아니라 상파울루에 있는 우리의 자매 회사 류라라Lew'Lara\TBWA다.

월드컵 팬들이 모두 떠난 2015년이었다. 울리시스 하자보니Ulisses Razaboni와 레안드루 피네이루Leandro Pinheiro는 늦은 시간까지 사무실에서 일하고 있었다. 일과는 모두 끝냈고 시각장애 자선단체를 위한 아이디어를 구상하고 있었다. 자정에 가까웠고 두 사람 모두 지쳐 있었다. 레안드루가 점자로 가득한 컴퓨터 화면을 보다가 울리시스에게로 몸을 돌렸다. "이봐! 점자가 레고 블록같이 생겼다고 생각해본 적 있어? 블록을 문자로 사용해서 시각장애 아이들을 가르칠 수 있겠는데?"

몇 가지 대략적인 프로토타입이 나왔다. 그리고 몇 번의 칼 같은 거절도 당했다. 우선 그들의 클라이언트인 자선단체가 거절의사를 밝혔다. 주된 이용자가 시력이 전혀 없는 사람들이 아니라 시력에 문제가 있는 사람들이란 것이 이유였다. 그 때문에 울리시스와 레안드루는 브라질 최대 자선단체인 도리나 노윌 시각장애인재단을 찾았다. 그들은 좀 더 수용적이긴 했지만 효과를 내기에는 프로토타입이 너무 조악하다고 지적했다. 당시에는 두 가지 버전(하나는 나무로 만든 것, 하나는 실리콘으로 만든 것)이 있었는데 요철이 너무나 불규칙적이어서 시력이 없는 아이들이 적절히 읽을 수 없었다. 그 때문에 이 투지에 불탄 두 사람은 실제 레고 블록으로 실험을 시작했다.

힘들기는 했지만 보다 성공적인 시도였다. 울리시스와 레안드루는 수백 개의 블록을 사 와서 튀어나온 부분을 칼로 잘라냈다. 이후 틈을 사포로 다듬어서 완벽하게 매끈하게 만듦으로써 혼란의 여지를 없앴다. 이제 그들은 완벽한 점자 알파벳을 갖게 됐다. 그들은 레고 아이디어**Lego Ideas**＊ 웹사이트에 그 콘셉트를 올렸으나 '블록의 온전한 상태를 훼손했다.'는 이유로 바로 거절당했다. 울리시스는 이 결정이 참담했다고 말했다. 그와 레안드루는 벌써 2년째 그 일에 매달렸다. 프로젝트가 후원 업체를 결코 찾지 못할 것처럼 보이기 시작했다.

하지만 도리나 재단은 격려를 멈추지 않았다. 그 원형들이 얼마나 인기가 있는지 직접 확인했기 때문이다. 12개 기관의 300명이 넘는 아이들이 점자 알파벳 원형을 가지고 놀고 있었다. 도리나 재단은 놀라운 혁신이 그들 손에 있다는 것을 알았고 더 많은 아이가 혜택을 볼 수 있기를 바랐다. 그래서 크리스천과 그의 무지개 색 신발 끈처럼 자신들의 귀중한 아이디어를 공유하기로 결정했다.

울리시스와 레안드루는 장난감 제조업체를 끌어들이기 위한 영상을 만들었다. 그 영상은 블록이 시각장애 아이들의 문해력을 높일 뿐만 아니라 사회 융합도 장려한다고 설명했다. 시각장애가 있는 아이들에게 사회와의 융합은 난제일 때가 많았다. 하지만 이 영상은 이런 장난감이 재미있는 공통의 소통 도구라는 것을 보여주었다. 시력이 정상인 아이들 역시 이상한 요철에 매력을 느꼈고 함께 어울려 노는 동안 장애가 있는 친구들에게 질문을 많이 했다.

결정적으로 도리나 재단은 이 영상에서 누군가 블록을 대규모로

---

＊ 고객이 만든 창작 아이디어를 받아 심사하고 제품화하는 레고의 사업 부문

제작한다면 모든 지적재산권을 포기할 것이라고 선언했다.

이 호소는 해시태그 브레일브릭포올#BrailleBricksforAll(모두를 위한 점자 블록)을 통해 전해졌다. 매체에 한 푼도 쓰지 않았고 오로지 사이버 공간에만 도움을 청했다. 다행히 큰 공감을 불러일으켜 1억 4,000만 회의 트위터 참여 수를 기록했으며『패스트 컴퍼니』와『와이어드』같은 잡지에도 보도됐다. 심지어 백악관도 지지를 표했다.

하지만 진정한 돌파구는 레고가 다시 도라나 재단과 접촉해서 참여 의사를 밝힌 것이었다. 후속 시제품 실험 후 그들은 20개국에 제품을 공개했다. 시각장애인 단체와 기관에는 모두 무료였다. 레고가 이런 식으로 블록을 조정한 것은 이때가 처음이었다.

이런 유형의 호의는 좋은 뜻을 홍보할 때만 가능하다고 생각하는가? 그렇지 않다. '오픈 이노베이션'은 상업 분야에서도 점차 인기 높은 전략이 되고 있다. 마이크로소프트, 필립스, 지멘스와 같은 냉철한 기업들이 기술 발전과 확산을 희망하며 매년 연구에 엄청난 돈을 투자한 뒤 다른 사람들과 그 결과를 공유하고 있다.

당신이 홍보하는 것이 신발 끈이든 소프트웨어든 전자 기기든 논리는 동일하다. 용의 꼬리가 되는 것보다는 뱀의 머리가 되는 것이 낫다.

**36.**
**행운의 선**

전설에 따르면 고대의 지도 제작자는 지도를 만들고 가장자리에 '용이 사는 곳'이라고 적었다고 한다. 이 문구가 사실일 것 같지는 않다. 이 문구가 있는 경우는 단 한 건이었고 그것도 2차원 지도가 아니라 구球였다. 하지만 이 스토리가 현대에 신빙성을 얻은 것은 선조와는 다른 우리의 모습을 부각하는 이야기였기 때문이다.

우리는 스스로를 탐험가라고 여기며 으스댄다. 우리는 한계를 넓히거나 새로운 땅을 찾는 것을 두려워하지 않는다. 우리는 용을 피하는 대신 그것과 맞붙는다. 이런 정신은 우리 업계의 원동력이다. 여러 마케팅 이론가가 당신의 브랜드가 추격할 수 있는 괴물을 규정하는 것이 유용하다는 말을 남겼다. 거의 모든 사람이 선구자와 개척자의 언어를 사용한다(나 역시 이 책에서 그렇게 했다). 우리는 모두 혁신적이고 전위적인 작품을 동경한다.

하지만 때로 극단까지 몰아붙이는 이런 자연 발생적인 욕구 때문에 탐색의 여지가 충분한 바로 뒷마당의 훨씬 큰 배후지를 알아보지 못한다. 2018년 우리는 가까이에 있으나 미지의 영역으로 남아 있던 곳을 탐색하게 되었다. 할리우드의 해시태그 미투#MeToo 운동*에 뒤이이, 일단의 유명 여성들이 영국 광고 업계에서 성폭력을 근절하자는 목표로 힘을 모았다. 주요 무역 기구를 대표하는 그들은 이 문제를 해결하기 위해 새로운 캠페인 브랜드 타임투#timeTo를 만들었다.

그 선도자 중 한 명이 내 동료인 헬렌 칼클래프트였다. 그녀는 여성주의자로서만이 아니라 커리어 초반에 성폭력을 경험한 사람으로서 이 싸움에 직접 참여했다. 성적인 문제인데다 대중의 관심이 높은 문제였다. 우리는 그 일을 제대로 하라는 많은 압박을 받았다.

놀랍게도 이전에는 그 사안에 대해 해결은커녕 조사가 이루어진 적도 없었다. 첫 단계는 이 주제에 대한 광고 업계 최초의 설문 조사를 의뢰하는 것이었다. 아주 곤란한 결과가 나왔다. 응답자의 26%가 커리어의 어느 시점엔가 성폭력을 경험했다. 다음 세대의 여성들에게도 이어질 것이 분명했다. 18~24세 여성의 20%는 이미 성폭력을 경험한 적이 있었다.

너무나 끔찍한 스토리들도 있었다. 우리는 그것이 빙산의 일각일 뿐이라는 것을 알고 있었다. 어쨌든 사람들이 나서기를 꺼린다는 점이 문제에 큰 몫을 했다. 이해가 가는 일이었다. 물론 하루아침에

---

* 성폭력 고발 운동

고쳐질 일은 아니었다. 하지만 장기적 전략으로서 광고가 문제를 양성화하는 데 도움이 될 것임이 분명했다.

문제는 방법이었다.

가장 확실한 답은 우리가 발견한 구역질나는 스토리들로 사람들에게 충격을 주는 것이었다. 그런 다음 가능한 냉엄한 용어로 무관용 정책을 알리는 것이었다. 타임투 위원회는 막 행동 강령을 발표했기 때문에 그중 몇 가지를 선정해 사람들에게 절대 용인될 수 없는 행동이 있다는 것을 상기시킬 수 있었다.

사실 미국의 캠페인(성적 합의와 관련된)은 최근 비슷한 접근법을 취해 큰 호응을 얻었다. 미국의 캠페인은 누군가에게 차 한 잔을 내준다는 비유를 사용해 예와 아니오의 이원 체계를 만들었다. '우선 상대가 원하는지를 항상 묻는다.' '상대가 다른 상황에서 원한다는 이유로 이 경우에도 원할 것이라고 단정하지 않는다.' '잠들어 있을 때나 술에 취해 있을 때 강요하지 않는다.'를 예로 들 수 있다.

이 캠페인은 대단히 구체적인 행동에 대한 대단히 진지한 주장을 수평적인 방식으로 펼 수 있다는 것을 보여주었다. 이 캠페인의 대상이 창의적인 면에서 수준이 높은 사람들로 이루어져 있다는 것을 고려하면 우리 과제에 정말 좋은 참고가 됐다.

우리는 몇 주 동안 이 방향으로 기세 좋게 나아갔다. 충격적인 사례와 예상치 못한 비유를 사용해서 '규칙'을 상세히 설명했다. 이런 방법으로 대단히 혁신적인 몇몇 작품이 탄생했다. 하지만 그것이 문제였다. 아이디어를 검토해보니 너무 극단까지 밀어붙인 나머지 청중이 외면하기 쉬울 것 같다는 느낌이 들었다.

더 불안한 사실은 성희롱 또는 성폭력을 자행하는 자들이 모두 하비 와인스타인Harvey Weinstein은 아니라는 점이다. 따라서 괴물을 보면서 사람들은 "나는 저렇지 않아."라고 말하게 된다.

마찬가지로 극단적인 위반 사례는 충격을 주겠지만 그에 대해 깊이 생각하게끔 하지는 못한다('저건 분명히 잘못됐어.'). 솔직히 성폭력은 차 한 잔을 내주는 것보다 훨씬 더 복잡한 문제다. 관련된 사람들의 권력관계, 시간, 장소 등에 따라 특정 행동은 회색 지대에 놓여 있다.

우리는 이런 회색 지대에서 이전에 탐색했던 흑백의 규칙들보다 더 많은 이야기를 하게 된다. 쉬운 표적을 부수는 대신 모호한 중간 지대에 관한 더 어려운 대화를 하기 시작했다. 축하하는 의미의 포옹은 괜찮은 것일까? 직장 밖에서 동료에게 만나자고 묻는 것은 어떤데? 늦은 밤에 집까지 택시를 같이 타는 것은? 이 모두가 우리 리서치에 등장하는 시나리오였다. 그것들은 우리가 직접 해본 일들이기도 했다. 당신도?

이런 통찰로 무장한 우리는 더욱 진지한 생각을 촉발하는 캠페인을 기획했다. "당신은 어디에 선을 긋습니까?"라고 묻는 캠페인이었다. 진부한 포식자는 내세우지 않았다. 우리는 가해자를 전혀 보여주지 않았다. 성폭력을 간단한 이분법적 문제로 포지셔닝하는 대신 우리는 그것을 연속체, 즉 모두가 모든 단계에서 자신의 행동을 돌아봐야 하는 문제로 보여주었다. 예를 들면 이렇다. "밤 10시에/

내가 묵는 호텔/ 방에서/ 단둘이/ 우리 만날까? 당신이라면 어디에 선을 긋겠습니까?"

현재는 영국의 거의 모든 광고 대행사들이 타임투를 지지하고 있다. 우리는 플래시가 가장 많이 터지는 두 곳인 칸 광고제와 크리스마스 파티를 위해 캠페인을 기획했다. 이 계획은 현재 교육으로 전환되고 있다. 가해자의 고정관념을 확정하고 극단적인 행동에 초점을 맞췄다면 그런 광범위한 영향력을 발휘할 수 없었을 것이다.

물론 이것은 전형적인 브랜드 마케팅 활동이 아니라 공익 캠페인이었다. 그런데 더 중요한 것은 인간의 삶이 복잡하다는 점이다. 최고의 아이디어가 항상 지도의 여백에 명확히 적혀 있지는 않다. 창작에서 가장 중요한 지점이 지도의 등고선 사이에 있을 때도 있다.

---

### ∼∙ 럭키 시크릿 ∙∼

**따분한 교훈**
훌륭한 마케팅은 한계를 밀어붙여서 얻어낼 수 있다.

**행운이 전하는 조언**
때로는 가까이에 있는 회색 지대를 탐색하는 것이 낫다.

**행운을 부르는 질문**
행간의 통찰을 어떻게 찾아낼 수 있을까?

---

**37.**
**행운의 그분**

퀸시 존스는 음악계의 거물이다. 60년이 넘는 시간 동안 그래미 후보로 80회나 올랐으며 28회의 그래미상 수상과 한 번의 그래미 공로상 수상이라는 대기록을 세웠다. 또한 오스카 후보에 일곱 번 올랐고 다른 업계의 수많은 상을 받았고 수억 장의 앨범을 팔았다.

그는 행운아**Mr. Lucky**(그의 많은 노래 중 하나의 제목)라고 불러도 좋을 사람이다. 다만 존스는 인생의 운은 스스로 만든다는 굳은 믿음을 갖고 있다. 시카고 출신의 이 거장이 어떻게 스스로 운을 만들어 왔는지 설명하려면 책 한 권이 필요할 것이다. 그의 기교는 노래부터 글, 작곡, 공연, 제작까지 온갖 것을 망라한다. 또한 그는 프랭크 시내트라('그는 나를 다른 행성으로 데려갔다.'), 아레사 프랭클린**Aretha Franklin**('그녀는 이 나라를 완전히 뒤집어 놓았다.'), 비틀즈('세상에서 가장 끔찍한 음악가들') 등 다양한 사람들과 작업을 했다. 어찌나 많은 위대한 인물들과 마주쳤는지 그를 종종 영화 「포레스트 검프」에 비유하기도 한다.

이 모든 다양한 작업을 한데 모으는 공통의 주제가 있다면 그것은 예기치 못한 천재성이 발휘될 여지를 만들어내는 능력이다. 그는 이 능력을 그가 좋아하는 모토로 요약한다. "그분이 방을 지나실 수 있게 20~30%의 공간을 남겨두어라. 그렇게 해야 마법이 일어날 여지를 남길 수 있다." 흥미로운 점은 이것이 뭔가 좋은 일이 일어나리란 수동적인 희망이 아니라 대단히 의도적인 전략이라는 것이다.

퀸시는 자신의 방식에 대단히 엄격하다. 그는 음악 이론에 정통하고 선율, 화성, 대위법, 관현악 편성법의 기본 원칙을 작업에 적용하지 않는 사람들을 신랄하게 공격한다. 하지만 그는 과학이 멈춰야 할 때와 예술적 기교가 장악해야 할 때가 언제인지도 알고 있다. 그는 이것을 우연에 맡기는 대신 자신의 프로세스에 짜 넣는다.

존스는 이 접근법을 그림(그가 잘하는 또 다른 분야)에 비유한다. 그의 노래는 목탄 스케치처럼 거친 형태로 시작된다. 이후 형태를 갖추면 수채화를 그리듯이 여러 색 물감을 입힌다. 마지막에 가서야 마음을 정하고 '유화 물감'으로 그리기 시작한다.

이런 작업 방식은 제작자로서 존스가 만든 걸작인 마이클 잭슨의 「스릴러」에도 적용됐다. 1982년 만들어진 이 명작은 전 세계적으로 6,600만 장이라는 역대 최고 판매고를 올린 앨범이며 최초의 뮤직 비디오로 인정받고 있을 뿐만 아니라 미국 음악계에서 인종의 장벽을 허물었다는 평가를 받는다. 이 작품은 끈질긴 노력의 산물이었다. 존스와 그의 팀이 너무 열심히 작업한 나머지 앰프 하나에 불이 붙을 정도였다. 그러나 그 과정에는 궤도의 변경이 꽤 많이 허용됐다.

앨범의 타이틀곡을 예로 들어보자. 「스릴러」는 원래 「스타라이트 Starlight」라는 좀 더 밝은 곡으로 출발했다. 그런데 작곡가 로드 템퍼튼Rod Temperton이 잭슨과 친밀해지면서 그가 공포 영화를 좋아한다는 것을 발견하고 음악에 좀 더 사악한 느낌을 더했다. 이후 존스는 자신의 아내가 공포 영화로 유명한 배우 빈센트 프라이스 Vincent Price를 안다고 이야기했고 그 일을 계기로 프라이스에게 부탁해 곡의 마지막에 내레이션(지금은 유명해진 기법)을 삽입하게 됐다. 이 팀이 원래의 대본을 고수했다면 일어나지 않았을 두 가지 행운의 변화였다.

「빌리 진」의 대성공 역시 비슷한 마법의 순간에서 혜택을 봤다. 존스는 기술적인 견지에서 도입부가 너무 길다는 느낌을 받았다. 하지만 잭슨은 그대로 진행하기를 원했다. 그는 춤을 추고 싶어진다는 것 외에는 설명할 방법이 없었다. 그래서 존스는 그에게 재량을 허용했다. "마이클 잭슨이 춤을 추고 싶어진다고 말한다면, 뭐 나머지 사람은 입을 다물어야죠."

마지막으로 초대형 히트곡 「비트 잇」은 애당초 존재할 수가 없는 노래였다. 원래의 트랙 리스트에는 존재하지 않았고 팀은 이미 근사한 아홉 곡의 노래를 녹음한 상태였다. 그것만으로도 그들은 만족하고 있었고 일을 마무리할 참이었다.

그렇지만 잭슨은 최초로 로큰롤 음악을 시도해보고 싶어했고, 이에 존스는 새로운 곡을 위해 기존 트랙의 한 곡을 빼냈다. 그런 다음 에디 밴 헤일런Eddie Van Halen을 설득해서 앨범과 전혀 어울릴 것 같지 않은 이 기타곡에 참여하게 했다. 처음에 에디는 회의적이었지만(퀸시는 장난이 아니라는 것을 이해시키기 위해 이 로커에게 다섯 차례나 전화해야 했다), 존스는 완벽한 창작의 자유를 약속하고 그를 끌어들이는 데 성공했다. "무슨 연주를 하라고 말하지 않을게. 여기에서는 자네가 원하는 무엇이든 연주할 수 있어."

여기에서도 존스는 그분이 일을 할 여지를 만들어냈다.

반면 현대 광고의 전개 과정은 '그분'을 방에 가둬두기 위해 고안된 것 같을 때가 있다. 일단 팀 내에서 아이디어를 이해하고 나면 즉석에서 수정한다는 것은 거의 불가능하다. 대신에 가능한 빨리 스토리보드와 음악을 선정한 뒤 감독에게 자의적인 윤색보다는 대본대로 촬영해달라고 요청한다.

결국 애초에 창작자들에게 작품을 만들기 위해 주어지는 시간보다 시장조사자들에게 그 작품에 관해 조사하는 시간이 더 많이 주어진다. 여유 시간은 마법보다는 논리를 위해 쓰인다. 다음에 정확히 어떤 일이 일어나는지 모두에게 확실히 알리기 위해 회의, 그 회의를 위한 사전 회의, 또 그 사전 회의를 위한 사전 회의가 잡힌다.

전체 과정은 불쾌한 의외의 상황이 벌어지지 않도록 고안된다. 하지만 자칫 행운의 기회까지 제거할 위험이 있다.

「스타라이트」의 반짝 인기를 원한다면 그런 식으로 해도 괜찮다. 하지만 진짜 「스릴러」를 원한다면 춤을 위한, 공포를 위한, 밴 헤일런을 위한 여지를 남겨두어야 한다.

---

### ⚞ 럭키 시크릿 ⚟

**따분한 교훈**
좋은 프로세스는 의외의 상황이 일어날 가능성을 배제한다.

**행운이 전하는 조언**
정말 훌륭한 프로세스는 마법의 여지를 남긴다.

**행운을 부르는 질문**
그분이 지나갈 공간을 어떻게 마련할 수 있을까?

---

## 38.
## 행운의 매력

게리 리네커Gary Lineker는 오랫동안 수도 없이 사인했다. 그도 그럴 것이 그는 영국이 자랑하는 축구 선수 중 한 명이고 인기 있는 축구 해설가이기도 하기 때문이다. 더구나 그는 미스터 나이스가이로 통한다. 팬들에게 진심으로 고마워하는 사람이다. 그러니 그가 '사랑을 담아. 게리 리네커.'라는 메시지를 쓰는 자신을 발견했다고 해도 전혀 놀랄 일이 아니다. 유일한 문제는 그것이 아내의 생일 카드였다는 데 있다.

그녀가 지금은 그의 '전' 부인이라는 것까지만 말해두기로 하자.

이 스토리는 개인화된 메시지의 위험성을 보여준다. 세부 사항을 잘못 적거나 어설픈 시도를 하는 경우에는 하지 않은 것만 못한 결과가 나온다. 여기에서 생각나는 일화가 있다. 한 회사가 자신들의 표적화 이메일 기술을 홍보하고자 내게 연락했다. 문제는 그들이 내게 보낸 메시지가 '앨런 씨께 드립니다.'라는 말로 시작되었다는 점이다.

21세기 마케팅의 가장 큰 희망이었던 개인화는 돈값을 제대로 하지 못했다. '인공지능은 브랜드들이 메시지와 제품을 특정 개인에 맞출 수 있게 할 것'이란 주장이 유혹적인 것만은 분명하다. 수신자는 자신의 관심 분야로 특정된 마케팅에 고마움을 느낄 것이다. 그 사이 마케팅은 더 효율적이 될 것이다. 광고가 시장에 있는 활성 고객만을 표적으로 하기 때문에 더 이상 '낭비'가 생기지 않을 것이다.

문제는 일반인들은 현재 사용되는 여러 어설픈 기법을 싫어한다는 점이다. 앞서 예를 들었던 것처럼 이름을 혼동하는 실수가 아니더라도, 우리에게 구애하는 그들의 시도가 오싹하거나 진심이 아니라는 인상을 줄 때가 많다. 예를 들어 영국인의 약 3분의 2는 인터넷에서 그들을 따라다니는 리타깃팅**retargeting**[*] 광고에 불만을 품고 있다. 이런 광고는 지능적이라기보다는 인위적인 느낌이 강할 때가 많다. 우리가 이미 구입한 물건을 사라고 계속 괴롭히는 경우도 잦다.

더 놀라운 것은 개인화를 위한 재정적 근거가 생각보다 빈약하다는 것이다. 낭비라는 것이 알려진 것 같이 그렇게 가공할 죄악이 아니라는 인식이 커지고 있다. 범위를 좁힘으로써 단기적 효율을 높일 수도 있겠지만 장기적인 유효성(더 중요한 것)을 위해서는 넓은

---

[*] 온라인상에서 사용자의 검색 기록과 방문 경로 등을 기반으로 각각 다른 광고를 내보내는 광고 형태

범위에 도달해야 한다.

간단히 말해 사람들이 적극적으로 쇼핑하고 있지 않을 때도 당신의 마케팅 메시지에 귀 기울이게 함으로써 더 높은 수익을 낼 수 있는 것이다. 그런 식으로 사람들은 당신 브랜드에 관해 호의를 갖고 물건을 사게 된다.

그렇다면 개인화를 완전히 포기해야 할까?

그렇진 않다. 우리에게 필요한 것은 개인화를 보는 방법을 재고하는 일이다. 특히 개인화를 효율을 높이는 기계적 활동으로 취급하지 말고 좀 더 매력적이고 인간적인 접근법을 취하는 편이 좋을 것이다. 내가 참여했던 라디오센터 캠페인을 뒷받침한 것이 그런 식의 생각이었다.

라디오센터는 영국 상업 라디오 업계를 담당하는 교역 기구다. 200개 이상의 방송국으로부터 자금을 조달받고 있으며 이 매체의 장점을 광고주들에게 홍보하기 위해 존재한다.

이 기구는 오랜 시간에 걸쳐 라디오가 브랜드들에게 대단히 강력한 플랫폼이라는 것을 보여주는 방대한 양의 자료를 모았다. 하지만 그곳의 최고 마케터 루시 배럿Lucy Barrett이 우리에게 설명했듯이 클라이언트의 지출에서 라디오가 차지하는 비중이 고객의 라디오 이용도에 미치지 못하고 있었다. 이 캠페인의 표적 청중은 아주 명확했다. 이 나라에서 매체 구매를 담당하는 수천 명의 마케터와 광고 대행사였다. 청중의 규모가 무척 작았다.

문제도 정의하기가 쉬웠다. 의사결정권자는 모든 합리적인 증거에 이미 면역이 되어 있었다. 그저 라디오를 스케줄에 포함하고 싶은 마음이 없을 뿐이었다. 그들이 보기에 라디오는 구식이며 창의적인 면에서 한계가 있는 매체였다. 라디오라는 매체에 대해서 뭔가 다른 것을 느끼게 해야 했다. 우리의 새로운 슬로건이 말하듯이 '라디오를 다르게 보도록' 만들어야 했다.

하지만 진짜 문제는 이 일을 하는 데 라디오를 사용해야 한다는 것이었다. 전형적인 조건에서라면 말이 안 되는 상황이었다. 우리 VIP 청중은 라디오를 듣지 않았기 때문이다. 반면에 목표로 하지 않는 3,600만 명의 다른 사람들이 듣게 되기 때문에 엄청난 낭비라고 볼 수 있었다. 하지만 우리가 사용하지 않으면서 다른 광고주에게 라디오를 사용하라고 권할 수는 없는 일이었다.

그 때문에 뻔한 선택지들인 이메일, 다이렉트 메일, 또는 업계 신문을 이용할 수는 없었다. 라디오를 듣지 않는 사람들에게 라디오를 사용해 라디오를 홍보할 방법을 찾아야 하는 난제를 떠안은 것이다!

처음에는 계속 제자리걸음이었다. 표적 메시지와 방송 매체의 조합은 실행 불가능해 보였다. 하지만 차츰 일종의 하이브리드 모델이 마음속에 떠오르기 시작했다. 머신러닝보다는 인간적 통찰에 뿌리를 둔 모델이었다.

나는 팀에게 이 접근법을 분명히 보여주기 위해서 난처한 비밀이라는 주제를 사용했다. 나는 최고의 마케터들의 개인적인 비밀(특이한 취미나 그들이 크리스마스 파티에서 춘 바보 같은 춤 같은)을 방송으로 내보낸다면 그들이 바로 알게 될 것이라고 추론했다. 그들의 친구, 가족, 부하직원(라디오를 듣는)이 내용을 전달해줄 테니 말이다. 이 의사결정권자들은 주목을 받아서 으쓱해지는 한편으로 이 매체의 놀라운 전달력을 발견하게 될 것이다.

간단히 말해 자신의 두 눈으로 라디오의 힘을 보게 되는 것이다.

팀원들은 좋아하는 것 같았다. 회사 내에서도(한 번은 우리가 표적이 되었다) 효과가 있었다. 하지만 팀원들은 비밀을 주제로 하는 것이 소름 끼치는 일이 될 수도 있다고 지적했다. 잘못된 종류의 개인화로 말이다.

내 생각과도 일치했다. 그래서 우리는 한 크리에이티브에게 그 모델에 대한 더 나은 의견을 만들어오라는 지시를 내렸다. 얀은 음악을 이용한 훨씬 나은 버전을 만들어냈다. 우리는 결국 라디오 브랜드였다. 그렇다면 맞춤형 가사로 영국 광고계를 좌우하는 사람들을 들먹이는 코믹한 노래를 만드는 것보다 강력한 방법이 있을까?

우리는 유니레버의 글로벌 CMO 키스 위드**Keith Weed**를 언급하는 요란한 그라임**Grime*** 곡으로 시작했다. 「깜짝이야**What a wake-up call**」 이 곡이 전국 라디오 방송을 탄 지 몇 시간 만에 그가 트윗을 올렸다. "노래를 들은 사람들에게서 얼마나 많은 전화와 이메일을 받았는지!" 그해 말 그의 칸 광고제 연설의 중심은 이 노래였다.

이후 우리는 아련한 피아노 발라드를 방송했다. 150년 전통의 영국 백화점 존 루이스의 고객 담당 이사이며 그 장르의 달인인 크레

---

* 빠른 비트, 전자 사운드, 영국식 억양과 열광적인 에너지를 특징으로 하는 음악

이그 잉글리스Craig Inglis를 겨냥한 것이었다. "난 라디오가 좋아요!" 크레이그가 공언했다. "우리는 지난해 100만 파운드를 썼어요. 하지만 이 방송 뒤에는 누가 알겠어요? 더 늘어날 수도 있겠죠!"

다른 노래들이 뒤를 이었다. 로레알의 휴 핌Hugh Pym은 맞춤형 인디음악에 매료됐다. 그는 이렇게 말했다. "인상적이었어요! 저는 이탈리아 풀리아에서 휴가를 보내고 있었는데 그 노래가 여기까지 빠르게 전해져 모두가 즐거운 시간을 보냈습니다."

한편 에어비앤비의 조너선 밀덴할Jonathan Mildenhall은 그를 겨냥해 만든 집에 대한 찬가가 무척 마음에 들었던 모양이다. "청중을 가까이하는 것만큼 좋은 것은 없습니다. 라디오에 대한 사랑이 들끓고 있습니다!" 그는 말을 이었다. "전 세계의 우리 팀이 주목했습니다. 협의를 앞두고 있습니다!"

목표가 지나치게 특정된 광고는 너무 구체적이어서 다른 사람들이 배울 점이 별로 없다. 하지만 이 경우에는 두 가지 배울 점이 있다고 생각한다.

첫째, 마이크로 타깃팅micro-targeting*과 매스 마케팅mass-marketing**이 상호 배타적일 필요는 없다. 마케팅 전문가인 마크 릿슨 Marke Ritson은 마케터들은 때로 이런 식으로 불필요하게 논의를 양극화한다고 지적했다. 그는 그보다 '양방체제bothism'를 추구해야 한다고 말한다. 아주 훌륭한 말이다. 나는 바로 여기에 그 이야기가

---

* 특정 고객을 겨냥한 마케팅
** 각 시장의 차이를 무시하고 시장 전체를 공략하는 마케팅

적용된다고 생각한다. 가장 큰 성공을 거둔 브랜드는 광범위한 커뮤니케이션과 보완적인 방식의 개인화 양쪽을 이용하는 브랜드다.

둘째, 나만의 매력과 상상력을 입증하지 못한다면 세상의 어떤 정보도 소용이 없다. '전' 리네커 부인의 경우에서 보듯이 개인화를 하고자 한다면 반드시 개성을 드러내야 한다.

---

### ⚜ 럭키 시크릿 ⚜

**따분한 교훈**
개인화에는 인공지능AI, artificial intelligence이 필요하다.

**행운이 전하는 조언**
진심어린 상상력GI, genuine imagination까지 적용한다면
더 좋은 성과를 거둘 수 있다.

**행운을 부르는 질문**
개인화에 개성을 더 많이 가미할 수 있는 방법은 없을까?

---

## 39.
## 행운의 달걀

비틀즈의 「예스터데이」는 음악 역사상 가장 많이 리메이크 된 노래다. 이 서정적인 노래는 '스크램블 에그Scrambled eggs'로 출발했다. 폴 매카트니Paul McCartney는 잠자리에서 멜로디를 떠올렸고 이 꿈의 결과물을 잃지 않기 위해서 너무나 필사적이었던 나머지 아침 식탁에서 가장 먼저 떠오른 단어를 사용했던 것이다. 그래서 이런 노래가 탄생했다. "스크램블 에그/ 오 내 사랑 나는 당신의 다리를 얼마나 사랑하는지/ 하지만 스크램블 에그만큼은 아니야."

몇 달 동안이나 이런 가사인 채였고 이 노래는 비틀즈 멤버들 사이에서만 통하는 농담이 됐다. 이 노래에 짜증이 잔뜩 난 리처스 레스터Richard Lester(그들이 두 번째로 찍은 영화의 감독)는 매카트니에게 이렇게 말하기에 이르렀다. "그 노래를 한 번만 더 부르면 무대에서 피아노를 없애버릴 거야. 그 노래를 끝내든지 포기하든지 해!"

결국 존 레논이 다른 제목으로 구조에 나선 덕분에 노래는 좀 더 진지하게 변신했다. 하지만 원래 기폭제가 된 것은 달걀이었다.

비틀즈는 이런 엉뚱한 작곡 기법을 채용한 유일한 뮤지션이 아니다. 데이비드 보위는 소설가 윌리엄 S. 버로스**William S. Burroughs**가 사용한 컷업**cut-up**\* 방식의 헌신적인 추종자였다. 신문, 책, 일기에서 여러 구절을 잘라낸 뒤 무작위로 배열하는 것이다. 매카트니의 달걀이 그랬듯이 그 단어들은 보위의 완성된 곡에는 들어가지 않는 게 보통이었다. 하지만 보위는 그 단어들이 "상상력 속에 있을 만한 어떤 것에 불을 붙이는 데 도움이 됐다"고 말한다. 톰 웨이츠**Tom Waits**는 이 기법을 자신만의 방식으로 적용했다. 그는 동시에 두 대의 라디오를 틀어놓고 흥미롭게 중첩되는 부분을 찾는다.

이 모든 방법의 공통점은 완전히 임의적인 연결을 통해서 새로운 아이디어를 끌어내려는 욕구다. 그렇기에 그들은 우리가 이 책 전체에 걸쳐 탐구해온 것의 극단적인 버전이라 할 수 있다. 이전의 사례에서는 기존의 자원, 외부의 영감, 불운을 창조적 사고의 연료로 사용했다. 그렇다면 모든 논리를 제거하고 여기저기 찔러본다면 어떨까?

전략가들에게는 이런 닥치는 대로 식의 접근법이 신성모독처럼 들릴 것이다.

하지만 나는 이런 방법을 시도해보기로 했다.

---

\* 데쿠페découpé. 여러 다른 작품에서 텍스트를 발췌한 뒤 배열해서 새로운 텍스트를 만드는 기법

이를 단순화하기 위해서 나는 열심히 상상의 기획안을 만들 것이다. 이런 방식을 택하면 모든 구성 방식을 다 거칠 필요가 없다. 베이컨 브랜드의 작업을 한다고 가정해보자(매카트니의 달걀처럼, 이것이 오늘 아침 내 식탁에 있었다). 앞에서 언급했고 우리 대부분이 아는 단어니 '예스터데이'를 자극제로 사용해보자. 2분 3초(노래 한 곡의 길이, 얇게 저민 베이컨 한 줄이 다 구워질 정도의 시간) 동안 얼마나 많은 전략을 만들 수 있을까?

우선 그 노래의 제목(그리고 첫 줄)은 유산에 대해서 생각하게 했다. 이 회사는 얼마나 오래 되었을까? 어떤 역사를 갖고 있을까?

다음으로 '모든 고민은 멀리 있는 것처럼 여겨졌어요.'는 삶의 문제에 대한 해법으로서 베이컨에 대해 생각하게 했다(숙취를 경험해본 사람이라면 이런 연관성을 떠올릴 수 있을 것이다).

'지금은 그들이 여기에 머무르는 것 같네요.'는 의문을 품게 한다. '여기'란 어딜까? 출처의 관점에서 우리가 탐구할 수 있는 것이 있지 않을까? 1부에서 봤듯이 이것은 음식 브랜드의 경우 성공적인 접근법일 때가 많다.

'오, 어제가 계속될 거라 믿었는데'는 신뢰 중심 전략을 사용해보라는 은근한 권유가 분명하다. 이 브랜드의 정책 방향 혹은 삶에 대한 견해는 어떤 것인가?

벌써 네 개의 출발점이 생겼다. 이제 두 번째 구로 넘어가보자.

'갑자기'는 충동 중심의 접근법을 암시한다. 이 브랜드가 충동구매의 대상이 될 수 있을까? 즉흥적으로 굽게 되는 재료가 될 수 있을까?

'나는 어제의 절반도 되지 않는 사람 같아요.'는 인구통계학적 관점을 떠올리게 한다. 누가 이 브랜드를 사용하는가? 베이컨은 좀 더 남성적이지 않은가? 그렇다면 좀 더 진보적인 방식으로(누구도 예전과 같은 남자는 아니지 않은가?) 남성성에 생기를 불어넣을 수는 없을까?

'내게 그림자가 드리워지고 있어요.'는 건강 문제에 대해서, 거기에 긍정적인 스토리가 있는지에 대해서 생각하게 한다.

후보가 세 개 더 있지만 시간이 다 되어 간다. 그러니 판돈을 올리고 내가 마지막 몇 줄에서 아이디어를 얼마나 더 짜낼 수 있는지 보자.

'그녀가 왜 떠나야 했는지 알지 못해요. 그녀는 말하지 않았죠.' 이것은 신비롭게 들린다. 이 브랜드를 꼭꼭 숨겨진 비밀로서 포지셔닝할 방법이 있을지 궁금하다.

'내가 뭔가 잘못 이야기한 걸까?'는 금기와 잘못된 정보를 생각하게 한다. 우리가 무너뜨려야 할 그 카테고리만의 신화가 있는 건 아닐까?

'지금 나는 어제가 그리워요.'는 박탈감에 관한 생각을 촉발한다. 사람들에게 이 브랜드를 빼앗음으로써 갈망하게 만들 수 있지 않을까? '우유 있니Got Milk?*'처럼 말이다.

'사랑은 정말 쉬운 게임이었는데.'는 선물 세트다. 여기에는 세 개

* 우유 소비 캠페인

의 다른 아이디어가 담겨 있다. 욕망, 편의, 재미. 다 가져가야지.

'이제 난 숨을 곳이 필요해요'는 죄책감이 드는 비밀로서 베이컨을 생각하게 한다.

마지막으로 '음음음음'이란 불멸의 가사가 있다. 이게 시식 전략이 아니라면 뭐란 말인가?

내 계산으로는 2분 내 대략 15개의 전략적 출발점이 생겼다. 그 대부분은 작곡하는 사람들이 처음 붙인 가사처럼 오래가지 못할 것이다. 하지만 편한 마음으로 연습 삼아 만든 임의적인 연결을 통해 넓은 범위의 흥미로운 아이디어들을 빠르게 건질 수 있다는 것을 보여주었길 바란다.

물론 더 진지하고 깊은 숙고의 과정을 거치면서 다듬어야 할 필요가 있다. 하지만 우선 종이를 잘라 붙이고, 여러 개의 라디오를 전부 켜두고, 달걀 스크램블을 만들면서 시작해보는 것도 좋지 않을까?

---

### ∽ 럭키 시크릿 ∾

**따분한 교훈**
마케팅 전략은 논리적인 사고 과정이다.

**행운이 전하는 조언**
초기 단계에서는 닥치는 대로 식의 접근법이 도움이 될 수 있다.

**행운을 부르는 질문**
어떻게 하면 임의적인 연결을 사용해서 시작할 수 있을까?

---

# 40.
# 행운의 당신

지금까지 나는 39가지 방법을 통해 세계 최고의 철학자, 작가, 지도자, 과학자들의 생각을 공유했다. 하지만 멋진 마무리를 위해서 더 현명한 사람을 끌어들이고 싶다. 돌리 파튼 **Dolly Parton** 이다.

농담이 아니다. 사실 정반대다. 사람들은 수십 년 동안 컨트리 뮤직의 전설인 이 사람을 가슴만 큰 금발의 백치 미녀로 치부하면서 과소평가해 왔다. 하지만 사실 그녀는 대단히 재능이 많고 영리한 여성이다.

가수로서 그녀는 44개의 톱10 컨트리 앨범을 내는 기록을 세웠다. 작곡가로서는 3,000곡의 노래를 작곡했다(같은 날에 작곡한 「졸린」과 「나는 언제나 당신을 사랑할 거예요」를 비롯해). 배우로서는 에미상과 골든글로브상 후보였다. 사업가로서는 자신의 테마 파크(돌리우드)를 중심으로 하는 멀티미디어 제국을 건설했다. 그것도 모자라 그녀는 2020년 모더나 코로나바이러스 백신에 자금을 지원했다.

하지만 파튼의 정말 놀라운 면모는 혼자 힘으로 이를 악물고 숲속의 판잣집에서부터 5억 달러에 이르는 재산을 일구었다는 점이다. 그녀는 자신의 뿌리를 절대 잊지 않았다. 오히려 그것을 이용했다. 옷에서 가발은 물론이고 행사에 사용하는 소품들에 이르기까지 대중에게 드러나는 삶의 모든 측면을 관리해서 각각의 세부 사항이 과장된 본질을 강화하도록 만들었다.

그녀에 관한 가장 유명한 농담들은 그녀 자신의 입에서 나온 것이다. 그녀는 "이렇게 싸구려처럼 보이려면 돈이 많이 든다."라며 웃었다. 이런 말을 한 적도 있다. "저는 옆집 아가씨처럼 생겼죠. 혹시 당신이 놀이공원 옆에 산다면 말이에요." 백치미라는 험담에 대해서도 이렇게 말했다. "멍청한 금발이라는 말을 들어도 전 전혀 화가 나지 않아요. 저는 제가 멍청하지 않다는 걸 알고 제가 금발이 아니란 것도 잘 알거든요." 이런 자기 인식과 긍정적인 강화는 가히 필승의 조합이다. 그녀는 이를 바탕으로 사람들에게 조언한다. '당신이 누구인지 발견하세요. 그 일을 의도적으로 하세요.'

이 말은 브랜드를 만드는 일에서 내가 가장 좋아하는 인용구이기도 하다. 이 책에서 언급된 성공적인 기업들을 되돌아보면 동일한 태도가 뚜렷하게 나타나는 것을 알 수 있다. 요크셔 티가 사회적 거리 두기 찻주전자를 내놓은 것도, 버진애틀랜틱이 슬쩍할 수 있는 소금 용기를 만든 것도, 패디파워가 기린에 대해서 문의한 것도 바로 자기 인식과 전념 덕분이었다.

다른 브랜드에서도 같은 정신을 목격할 수 있다. 파타고니아가 의류 제품에 '바보들을 투표로 몰아내라Vote the Assholes Out.'라는 메시지가 담긴 라벨을 집어넣을 수 있었던 것도, 이노센트 스무디 Innocent Smoothies가 작은 뜨개 모자를 병에 씌워서 수익의 일부를 노인들을 위한 비영리단체 에이지UK에 기부한 것도. 마블이 자사 의 슈퍼히어로들이 등장하는 404페이지의 책자를 만든 것도 모두 일종의 자기 확신 덕분이었다.

이 모든 기업을 움직인 것은 중요한 사명이었다. 그들은 야심 찬 목표와 큰 아이디어를 갖고 있다. 그런데 그들은 자신들의 목적 의 식을 사업의 아주 작은 부분에까지 적용한다. 그리고 자신들이 하 는 말을 계속해서 실천한다. 나 역시 마찬가지다. 이 책이 괜찮은 책이라면 나는 여기의 가르침들을 이 책을 마케팅하는 데 적용할 수 있어야 할 것이다.

그렇다면 브랜드의 성공 확률을 높이는 문제를 다루는 책의 성공 확률은 어떻게 해야 높일 수 있을까?

1부는 당신이 가진 것의 가치를 인식해야 할 필요에 관해 이야 기했다. 나는 개인적으로나 직업적으로 무척 운이 좋은 삶을 영위 했다는 것을 인식하고 있다. 그와 동시에 많은 사람이 나와 같은 혜 택을 누리지 못한다는 것도 알고 있다. 사실 전략가 리사 톰슨Lisa Thomson은 우리 업계의 어떤 측면들은 사회적 유동성에 불리하게 움직인다는 훌륭한 통찰을 내놓았다.

그래서 나는 이 책에 담긴 주제에 따라 행동하기 위해 인세 전부를 마땅한 대의에 기부할 것이다. 노동자 계층의 젊은이들이 우리 업계에 진입하는(그리고 번창하는) 것을 돕는 커머셜 브레이크**Com-mercial Break**라는 훌륭한 조직에 기부할 생각이다. 행운에 관한 책이 다른 사람에게 행운을 준다는 아이디어가 나는 퍽 마음에 든다.

2부에서는 다른 곳에 있는 기회를 찾으라고 조언했다. 와이즈먼 교수의 실험이 기억나는가? 그는 신문에 광고를 숨겨두었다. 그것을 찾은 응답자에게 250달러를 지급한다는 내용이었다. 여기에서 그런 실험을 시도한다면 파산할 것이 분명하기에 좀 더 제한된 버전을 시도해보고 싶다. 그래서 나는 여러 장 중 하나에 고의로 실수를 숨겨두었고 그것을 처음으로 찾는 사람에게 250파운드를 지급할 것이다. luckymistake@luckygenerals.com으로 이메일을 보내 포상금을 청구하도록 하라.

3부는 불운을 행운으로 바꾸는 것에 관해 다루었다. 이 책의 홍보 일정에는 흥미로운 반전이 있을 것이다. 대부분 문화에는 불길하다고 여겨지는 숫자(그에 따라 날짜)가 있다. 중국은 4월 4일이고 인도는 8월 8일이다. 많은 서구 국가에서는 13일의 금요일을 불길하게 여긴다. 그래서 나는 홍보 활동을 그런 날짜에 집중하기로 했다. 사람들이 가장 불운하다고 느끼는 날보다 행운에 관한 책을 팔기에 좋은 때가 있을까?

마지막으로 4부에서는 행운에는 실천이 필요하다고 이야기했다. 레인보우 레이스와 브레일 브릭스를 만든 사람들이 중요한 것을 포기함으로써 아이디어가 발전할 수 있도록 했다는 것을 기억하는

가? 이것은 내게 대학의 광고학과와 경영대학원에 이 책을 기부해야겠다고 생각하게 했다. 이미지에 더 잘 맞도록 하기 위해 책에 복권을 끼워서 캠퍼스 곳곳에 놓아둘 것이다. 운이 좋은 학생들이 먼저 발견하게 될 것이다. 별로 돈이 들지 않으면서 표적 청중들 사이에서 책에 대한 이야기가 돌게 만들 수 있는 방법이다.

이 책이 목적에 부합하는 '일'을 하는 데는 분명히 다양한 방법이 있을 것이다. 하지만 대부분 아이디어는 출간될 때까지 드러나지 않을 것이다. 그것이 행운의 멋진 점이다. 기회는 언제나 예기치 못한 방식으로 나타난다.

명확한 사명이 있다면 당신이 가는 길에서 이런 작은 기회를 잡는 기쁨을 누릴 수 있을 것이다. 돌리우드 앞의 표지판에는 이렇게 적혀 있다. '모든 순간을 즐겨라.'

---

### ∽ 럭키 시크릿 ∽

**따분한 교훈**
큰 그림에 집중하라.

**행운이 전하는 조언**
행운은 디테일 속에 있다.

**행운을 부르는 질문**
어떻게 하면 모든 접점과 기억과 순간을 더 '나'답게 만들 수 있을까?

---

"행운은 자수성가한 사람들의 면전에서 언급할 수 있는 것이 아니다."

작가 E. B. 화이트가 한 말이다. 이 책이 그런 생각을 바꿀 수 있길 바란다. 다른 모든 곳이 그렇듯이 비즈니스에서도 우연이 커다란 역할을 한다는 압도적인 증거가 있다. 이를 인정한다고 해서 성공을 이루는 노력과 재능을 경시하는 것은 아니다. "행운의 값비싼 미소는 노력으로 얻어진다."라는 에밀리 디킨슨의 주장과 절대 모순되지 않는다.

사실 이 책의 목적은 똑똑하고 부지런한 마케터들이 앞으로 나아가기 위해 찾아야 할 또 다른 요소를 강조하는 것이다. 내가 이 책을 통해 증명하고 싶은 것은 노력과 재능만으로는 충분치 않다는 점이다. 마찬가지로 행운을 당연하게 받아들여서는 안 되며 불운을 저주로 보아서도 안 된다.

우리는 기업이 아무리 열심히 노력하고 아무리 영리해도 외적인 사건으로 인해 혼란에 빠질 수 있는, 대단히 종잡을 수 없는 세상을 살고 있다. 반면에 타이밍과 기법이 적절하면 다른 사람들이 만들어둔 강력한 파도에 편승할 수도 있다.

이 책은 이런 혼란스러운 환경에서 브랜드의 성공 확률을 높일 수 있는 40가지 방법을 제시한다. 하지만 이 방법들이 성공을 보장하지는 못한다. 행운의 듀드, 개, 토끼, 쥐가 재능 있는 보조라는 사실이 증명되기를 바란다. 하지만 나머지는 당신의 몫이다. 어떤 기법이 당신의 사업에 가장 잘 적용되는지는 당신이 알아내야 한다. 당신의 자산, 적, 한계, 프로세스에 대해서 창의적으로 생각해야 한다. 돌리의 조언을 기억하고 어느 것이 가장 '당신'다운지 알아내야 한다.

---

**∽ 요약 ∽**

삶은 고되고 힘들다. 하지만 이런 가르침들이 도움이 될 것이다.

---

이제 당신 스스로 행운을 찾아 나서라.

## 감사의 말

이 책에 많은 행운을 담을 수 있었던 것에 대해 정말 감사한 마음입니다. 우선 부모님께 감사를 드립니다. 워런 버핏의 비유를 빌리자면 저는 거액의 난소 복권에 당첨된 것이나 마찬가지입니다. 또한 아내 루이즈와 세 아이 알렉스, 미아, 로티에게 고마움을 전합니다. 제가 오래도록 노트북을 붙들고 글을 쓰는 것을 이해해주었을 뿐만 아니라 이 책의 일부 내용에 영감을 주었습니다.

오랜 동업자인 헬렌과 대니에게도 진심으로 감사의 인사를 건넵니다. 함께 일하기에 정말 즐거운 것은 말할 것도 없고, 이토록 재능 넘치고 너그러운 친구들을 둔 저는 엄청난 행운아입니다. 물론 과거와 현재의 다른 동료와 고객에게도 감사의 인사를 전합니다. 특히 멋진 표지를 디자인한 짐 블레처스와 초고를 검토한 로즈 호너, 루스 채드윅, 빅키 리들에게 감사를 전하고 싶습니다. 저는 경쟁이 치열한 이 업계가 얼마나 친절할 수 있는지 새삼 느낍니다. 제작업을 눈여겨보고 의견을 제시하고 인터뷰를 해주신 모든 분께 깊이 감사를 드립니다. 하고 싶은 말이 너무 많습니다. 하지만 여기에서는 이 책에 대한 아이디어가 반짝 스치던 때에 리처드 쇼튼이 큰 도움이 되었다는 것만 말해 두겠습니다.

마지막으로 편집자인 크레이그 피어스, 에마 팅커, 해리먼하우스 출판사의 모든 분께 감사드립니다. 제게 책을 쓰는 일은 미지의 세계를 향한 항해였습니다. 그 항해에 뛰어난 전문가와 아량을 지닌 안내자들과 함께할 수 있어 영광이었습니다.

## 일러두기

이 책에서 언급한 대다수의 캠페인은 럭키 제너럴즈(2013년 내가
헬렌 칼크래프트, 데니 브룩테일과 함께 설립한 광고 대행사)의 작업과 연
관되어 있다. 불필요한 반복을 피하기 위해, 달리 언급이 없다면 모
든 작업을 책임진 대행사가 럭키 제너럴즈라고 생각하길 바란다.

몇몇 경우에는 MCBC(럭키 제너럴즈 이전에 헬렌이 1999년 제레미 마
일즈**Jeremy Miles**, 폴 브리긴쇼**Paul Briginshaw**, 맬컴 더피**Malcolm Duffy**와 공동 설
립했고 이후 데니와 내가 그녀와 공동 경영한 회사)의 작업을 언급했다.
이들 작업에 도움을 준 모든 분들을 언급하지 못한 데 대해 여기에
서 사과의 뜻을 전한다.

# 운 좋아 보이는 브랜드의 비밀

: 비즈니스의 판을 흔드는 행운의 방정식

**초판 1쇄 인쇄** 2023년 4월 17일
**초판 1쇄 발행** 2023년 4월 24일

**지은이** 앤디 네언
**옮긴이** 이영래
**펴낸이** 안현주

**국내 기획** 류재운 이지혜 **해외 기획** 김준수 **메디컬 기획** 김우성
**편집** 안선영 박다빈 **마케팅** 안현영
**디자인** 표지 정태성 본문 장덕종

**펴낸곳** 클라우드나인 **출판등록** 2013년 12월 12일(제2013-101호)
**주소** 우) 03993 서울시 마포구 월드컵북로 4길 82(동교동) 신흥빌딩 3층
**전화** 02-332-8939 **팩스** 02-6008-8938
**이메일** c9book@naver.com

**값** 18,000원
**ISBN** 979-11-92966-05-2 03320